基于政府管制视角的垄断行业性质及分类改革探索

潘胜文 著

武汉大学出版社

图书在版编目(CIP)数据

基于政府管制视角的垄断行业性质及分类改革探索/潘胜文著.
—武汉：武汉大学出版社,2021.4
ISBN 978-7-307-22175-8

Ⅰ.基… Ⅱ.潘… Ⅲ.垄断行业—经济体制改革—研究—中国 Ⅳ.F121.3

中国版本图书馆 CIP 数据核字(2021)第 047090 号

责任编辑：聂勇军　　责任校对：李孟潇　　整体设计：马　佳

出版发行：**武汉大学出版社**　（430072　武昌　珞珈山）
（电子邮箱：cbs22@whu.edu.cn　网址：www.wdp.com.cn）
印刷：武汉图物印刷有限公司
开本：720×1000　1/16　印张：12.25　字数：182 千字　插页：2
版次：2021 年 4 月第 1 版　　2021 年 4 月第 1 次印刷
ISBN 978-7-307-22175-8　　定价：42.00 元

版权所有，不得翻印；凡购我社的图书，如有质量问题，请与当地图书销售部门联系调换。

目 录

第一章 导言 … 1
一、研究视角与研究意义 … 1
(一) 研究视角 … 1
(二) 研究意义 … 2
二、文献综述 … 3
(一) 关于"垄断行业的涵义与类型"的研究综述 … 3
(二) 关于"垄断行业的行政垄断产生的根源"的研究综述 … 6
(三) 关于"垄断行业存在的问题"的研究综述 … 9
三、本书的研究思路、研究框架与主要研究方法 … 11
(一) 基本思路 … 11
(二) 研究框架 … 12
(三) 主要研究方法 … 14
四、主要创新点 … 14
(一) 研究视角的创新 … 14
(二) 理论创新 … 15

第二章 基于政府管制视角的我国垄断行业的性质与分类 … 17
一、垄断的含义与分类 … 17
(一) 垄断的含义 … 17

(二) 垄断的分类 ·· 19
二、垄断理论 ··· 21
　　(一) 市场垄断理论 ·· 21
　　(二) 自然垄断理论 ·· 25
　　(三) 行政垄断理论 ·· 29
三、基于政府管制视角的我国垄断行业的性质 ·················· 31
　　(一) 学术界对我国垄断行业属性的认识 ··················· 31
　　(二) 政府管制及其分类 ······································· 34
　　(三) 行政垄断与政府管制之间的关系 ······················ 37
　　(四) 基于政府管制视角的垄断行业性质 ···················· 38
四、基于政府管制视角的垄断行业的类型 ······················· 39
　　(一) 经济性管制的类型 ·· 39
　　(二) 基于政府管制视角的我国垄断行业的分类 ·········· 42
五、垄断与管制之间的关系总结 ································· 45

第三章　西方政府管制理论的发展演变及对我国的启示 ········ 48
一、西方政府管制理论的发展历程 ································ 48
　　(一) 早期政府管制理论的萌芽 ······························· 48
　　(二) 西方政府管制理论的产生 ······························· 49
　　(三) 西方政府管制理论的发展 ······························· 51
二、政府管制理论的最新进展 ····································· 54
三、西方政府管制理论的发展演变对我国的启示 ·············· 57
　　(一) 放松管制是政府管制发展的趋势 ······················ 57
　　(二) 实施激励性管制重在设计最优规制方案 ············· 58
　　(三) 政府管制行为也需要约束 ······························· 59

第四章　我国垄断行业改革取得的成就与当前存在的问题 ······ 61
一、我国垄断行业改革的历程 ····································· 61

（一）放权让利、扩大企业自主经营权阶段(1978—1984) ………… 61
　　（二）垄断"破冰"阶段(1985—1993) ………………………………… 62
　　（三）大规模改革阶段(1994—2004) ………………………………… 62
　　（四）改革徘徊阶段(2005—2010) …………………………………… 64
　　（五）改革重启阶段(2011年至今) …………………………………… 65
　二、我国垄断行业改革取得的成就 …………………………………………… 66
　　（一）垄断行业盈利能力有了很大的提升 …………………………… 66
　　（二）混合所有制改革为非国有资本进入垄断行业提供了机遇，
　　　　 同时也促进了国有企业内部效率的提高 ………………………… 69
　　（三）垄断行业供给能力有了大幅提高 ……………………………… 71
　三、当前我国垄断行业存在的主要问题 ……………………………………… 72
　　（一）行政垄断与所有制垄断的高度结合在一定程度上损害了
　　　　 公平竞争环境 ……………………………………………………… 72
　　（二）垄断企业内部效率普遍比较低下 ……………………………… 73
　　（三）垄断企业内部腐败问题仍然比较严重 ………………………… 74

第五章　基于政府管制视角的垄断行业改革的理论基础与总体取向 … 76
　一、"社会主义基本经济制度"的理论创新为垄断行业改革提供了
　　　理论基础 ……………………………………………………………………… 76
　　（一）加快完善社会主义市场经济体制要求对垄断行业实施
　　　　 进一步的放松管制改革 …………………………………………… 77
　　（二）"公有制为主体，多种所有制经济共同发展"要求垄断
　　　　 行业管制改革既要"放"又要把握一个"度" ……………………… 78
　二、我国垄断行业政府管制改革的总体取向 ………………………………… 79
　　（一）分类改革 ………………………………………………………… 79
　　（二）放松管制与激励性管制相结合 ………………………………… 80
　　（三）强化社会性管制 ………………………………………………… 83

第六章　自然垄断产业的管制改革
——以电力产业为例 …… 85
一、自然垄断行业的特征与管制改革的取向 …… 85
(一)自然垄断行业的特征 …… 85
(二)自然垄断行业的管制改革总体取向 …… 87
二、我国电力产业管制改革历程 …… 92
(一)计划经济时期的电力产业管制(1949—1978) …… 92
(二)电力产业管制改革探索阶段(1978—1997) …… 93
(三)电力产业管制改革试点阶段(1997—2002) …… 95
(四)电力产业管制改革深化阶段(2002—2015) …… 96
(五)新一轮电力体制改革阶段(2015年至今) …… 98
三、我国电力产业当前的管制现状 …… 100
(一)当前我国电力产业管制的内容 …… 100
(二)我国电力产业管制存在的主要问题 …… 104
四、我国电力产业管制改革取向 …… 109
(一)输配电环节管制改革取向 …… 110
(二)售电侧管制改革取向 …… 117

第七章　严重信息不对称产业的管制改革
——以银行业为例 …… 123
一、严重信息不对称产业的特征与改革总取向 …… 123
(一)我国金融业的主要特征 …… 123
(二)我国金融业的管制改革取向 …… 124
二、我国银行业管制改革历程 …… 126
(一)银监会成立前的银行业监管 …… 126
(二)银监会对银行业的监管 …… 127
三、我国银行业的市场结构分析 …… 129
(一)市场结构的衡量指标 …… 129

(二)我国银行业市场结构的实证分析 ………………………… 132
四、我国银行业市场绩效的实证分析 …………………………… 142
　　(一)银行业市场绩效衡量指标 ………………………………… 142
　　(二)我国银行业市场绩效实证分析 …………………………… 143
五、我国银行业市场结构与绩效关系的实证分析 ……………… 149
　　(一)变量选择 …………………………………………………… 149
　　(二)模型设计 …………………………………………………… 151
　　(三)回归结果分析 ……………………………………………… 152
六、研究结论与我国银行业进入管制改革取向 ………………… 156
　　(一)研究结论 …………………………………………………… 156
　　(二)我国银行业进入管制改革取向 …………………………… 157

第八章　基于社会目标的经济性管制产业的管制改革
　　——以烟草行业为例 ……………………………………… 162
一、基于社会目标的经济性管制产业的特征与管制改革的取向 … 162
　　(一)基于社会目标的经济性管制产业的特征与类型 ………… 162
　　(二)基于社会目标的经济性管制产业的管制改革取向 ……… 165
二、我国烟草行业当前的现状 …………………………………… 166
三、我国烟草行业当前的管制现状 ……………………………… 168
　　(一)进入管制 …………………………………………………… 168
　　(二)价格管制 …………………………………………………… 169
　　(三)流通管制 …………………………………………………… 169
　　(四)社会性管制 ………………………………………………… 170
四、烟草行业政府管制存在的主要问题 ………………………… 170
　　(一)管制主体双重化,管制目标相互冲突 …………………… 171
　　(二)由纵向管制而产生的行业垄断导致社会不公 …………… 174
　　(三)强管制导致行业内部无效率 ……………………………… 174
五、我国烟草行业管制改革的取向 ……………………………… 175

(一)烟草行业管制改革的总体取向 ………………………… 175
(二)烟草行业管制改革的路径选择 ………………………… 175

参考文献 …………………………………………………… 178

后记 ………………………………………………………… 190

第一章 导 言

一、研究视角与研究意义

(一) 研究视角

近年来，行业暴利、不公平竞争、职工高收入、内部无效率以及腐败等问题将垄断行业推到了风口浪尖之上，改革垄断行业的呼声也日渐高涨。

在国内理论界，垄断行业改革问题也是近几年学者们关注的焦点，这几年来，研究垄断行业问题的成果非常多。但是，现有的研究成果对垄断行业涵义的界定却是五花八门，对如何理解垄断行业的性质也有各种看法。

本书将从政府管制视角来研究我国垄断行业的内在属性。首先，我们认为日常生活中人们所说的"垄断行业"就是行政垄断行业；其次，我们认为，垄断行业的行政垄断源自政府的经济性管制，因此，我国的垄断行业也是政府经济性管制行业。正是基于这一观点，本书从政府管制的角度对我国垄断行业进行分类，并在此基础上，提出我国垄断行业管制改革的具体路径。

(二) 研究意义

1. 有利于政府更准确地把握垄断行业改革的目标

党的十八届三中全会提出要让"市场在资源配置中起决定性作用",党的十九届四中全会创新性地将社会主义市场经济体制纳入我国基本经济制度的范围,这一切都清楚地说明我们党对市场机制在资源配置过程中所起作用的充分肯定与高度重视。当前,行政垄断成为阻碍市场机制在资源配置中发挥决定性作用的一个重要障碍,深化垄断行业改革迫在眉睫,要深化垄断行业改革,必须首先界定清楚垄断行业的性质与分类。本书从政府管制视角来看待垄断行业性质与类型,这有利于政府更加明确垄断行业的改革目标。

2. 为进一步认识垄断行业以及研究垄断行业改革提供一种新的视角

本书通过理论演绎的方法来挖掘行政垄断与政府经济性管制之间的内在联系,并从政府经济性管制视角来研究我国垄断行业的性质与类型,这一切入点可以为理论界进一步认识垄断行业以及研究垄断行业改革提供一种新的视角。

3. 为政府制定垄断行业的分类改革战略提供借鉴

本书的重点内容之一就是基于政府管制角度对垄断行业分类改革进行战略研究。我们从政府管制视角将垄断行业分为自然垄断产业、严重信息不对称且其运行存在很强外部性的产业(书中有时简称为"严重信息不对称产业")以及基于社会目标的经济性管制产业三大类,并根据其不同特点,分别研究了这三个垄断产业的管制改革战略。我们希望这些研究成果能够为政府制定更加切实可行的垄断行业改革政策提供一些借鉴。

4. 为做强做优做大国有企业提供政策借鉴

习总书记在党的十九大报告中提出："促进国有资产保值增值，推动国有资本做强做优做大……深化国有企业改革，发展混合所有制经济，培育具有全球竞争力的世界一流企业。"众所周知，在我国，铁路、电信、电力、邮政、民航、供气、供水、烟草、银行、保险、石油石化等垄断行业的龙头企业基本上都是国有企业，因此，垄断行业的管制改革与国有企业改革密切相关。由此可见，针对不同类型的垄断行业提出不同的管制改革措施，有利于优化国有企业的监管体制，有利于将国有企业打造成"具有全球竞争力的世界一流企业"，以实现"做强做优做大国有资本"的政策目标。

二、文献综述

(一) 关于"垄断行业的涵义与类型"的研究综述

近十几年来，国内研究垄断行业的成果非常多，对于垄断行业涵义的看法也非常多。现将近几年来国内外学者关于垄断行业涵义及类型的一些代表性观点综述如下。

曼昆在其《经济学原理》中，从进入壁垒角度将垄断细分为三种主要类型：市场垄断、自然垄断和行政垄断。① 这也是西方经济学界的普遍观点。这一观点为垄断行业的分类提供了重要的理论基础。我国学者对垄断行业的理解与分类大体上也源自曼昆的这一观点。

彭树宏(2012)在其博士论文中认为："在中国，邮政、电信、电力、铁路、民航等行业由于其生产上的自然垄断特性且有关国民经济命脉而多由国家垄断生产，被通称为垄断行业。"② 戚聿东等(2013)认为，垄断行业

---

① [美]曼昆. 经济学原理[M]. 北京大学出版社，2015：15.
② 彭树宏. 中国垄断行业公平规制研究[D]. 东北财经大学，2012.

一般是一国经济社会发展的基础产业,为经济发展和居民生活提供必不可少的垄断行业产品和服务。① 于良春、张俊双(2013)分析指出,从计划经济体制中延续而来的中国垄断性行业中,由市场竞争形成的经济性垄断较少,而行政性垄断十分普遍,即使是所谓的自然垄断行业也带有较强的行政性垄断色彩。② 柳学信(2014)指出,垄断行业由于具有自然垄断性,在没有市场竞争的压力和约束下,为了追求利润最大化,企业天生就会有降低质量和提高价格的冲动。③ 王先林(2014)在研究垄断行业的特点时指出,对于自然垄断行业和法定垄断行业,它们往往是结合在一起难以截然区分的,除了国家实行专卖的烟草业、实行专营的食盐业以及在某些方面实行政策性限制的金融业外,自然垄断行业与国家或者法定垄断行业基本上是一致的,因此通常所说的垄断行业主要是指自然垄断行业。④ 韩喜平、杨威(2014)指出,垄断行业就是依靠某种特权政策或专有技术垄断整个行业的生产或者经营的行业。⑤ 张蕴萍(2015)指出:与发达国家不同,我国垄断行业所取得的垄断地位依靠的是行政权力,主要包括自然垄断和行政垄断。……在被称为"垄断行业"的领域如电力、电信、公路、铁路、港口、机场、自来水、供暖、邮政等行业,其经营主体均为国有企业,这些行业是国民经济的基础或支柱,国有企业垄断经营具有一定的国家战略意义。⑥ 聂海峰、岳希明(2016)在构造行业垄断二元变量时,在垄断行业和竞争行业的定义标准上,根据行业类型划分了垄断行业和竞争行业。其

---

① 戚聿东,等.中国垄断产业市场化改革的模式与路径[M].经济管理出版社,2013:2.
② 于良春,张俊双.中国垄断行业收入分配效应的实证研究[J].财经问题研究,2013:25.
③ 柳学信.中国垄断行业服务质量监管问题及对策[J].经济与管理研究,2014(1):22.
④ 王先林.垄断行业监管与反垄断执法之协调[J].法学,2014(2):111.
⑤ 韩喜平,杨威.中国垄断行业收入偏高问题及其矫正[J].理论学刊,2014(3):45.
⑥ 张蕴萍.规制能力提升是深化中国垄断行业政府规制体制改革的有效途径[J].理论学刊,2015(8):44.

中，垄断行业主要包括制造业中的烟草制品业、石油加工、电力热力的生产和供应业、燃气和水的生产供应业、铁路城市公共交通水上和航空运输业、邮政业、银行业、证券业、保险和其他金融业。①杨娟、郭琎(2019)认为，垄断行业是指具有自然垄断属性且范围跨省跨区域的传统自然垄断行业，包括电力、天然气、铁路、民航、电信和邮政。②

从以上的介绍中可以看出，国内有些学者认为垄断行业主要指的是自然垄断行业，而更多的学者则认为，垄断行业应该指的是行政垄断性行业，包括自然垄断行业和纯行政垄断行业。依据这一理解，学者对垄断行业类型的看法较为一致，认为垄断行业包括电力、天然气、铁路、民航、电信和邮政等自然垄断行业，也包括银行业、证券、保险、烟草、石油石化等纯行政垄断行业。笔者也认为，在我国，通常意义上的垄断行业指的就是行政垄断行业，包括自然垄断行业和纯行政垄断行业。

在国外，也有很多研究垄断产业问题的研究成果，但国外学者所研究的垄断产业一般不同于我国学者研究的垄断产业，我国学者研究的垄断产业主要指的是行政垄断产业，其中包括自然垄断产业。国外确实有大量的研究关注自然垄断产业问题，但这些成果都明确使用"natural monopoly industry"，而使用"monopoly industry"一词时，他们所指的垄断产业与我国学术界所讲的垄断产业大为不同。

Ghose、Aurobindo(1972)在研究印度产业垄断问题时，所提及的垄断产业指的是由市场竞争所形成的市场高集中度的产业，也就是我们通常所说的纯经济性垄断产业，或称为市场垄断产业。③ 在国外，直到现在仍有学者将垄断产业理解为纯经济性垄断产业，但大多数学者将垄断产业定义

---

① 聂海峰，岳希明. 行业垄断对收入不平等影响程度的估计[J]. 中国工业经济，2016(2)：5.

② 杨娟，郭琎. 我国垄断行业改革进展与深化思路[J]. 宏观经济管理，2019(5)：7.

③ Ghose, Aurobindo. Monopoly in Indian Industry: An Approachk[J]. *Economic and Political Weekly*, 1972(5)：9.

为网络产业即自然垄断产业。Tsuyoshi Toshimitsu(2011,2018)①②在研究网络产业(这里的网络指的是产品与服务的输送网络)福利效应时,将垄断产业定义为网络产业。Spiegel Uriel(2008)③等也都持有此观点。国外这些学者所指的网络产业实际就是自然垄断产业。近几年来,国内外理论界均将自然垄断的边界严格到仅具有网络特征且网络经济效益较强的产业或业务。

另外,国外文献中,也有少数中国学者关于垄断行业的研究成果,这些研究成果中所讲的"monopoly industry"的含义与国内学术界的观点基本保持一致,即指的是行政垄断产业(其中包括自然垄断产业)。Yudong Qi、Xuexin Liu、Zhili Wang(2008)研究了中国自然垄断行业的治理模式改革。④ Xia Li Lollar(2009)研究了政府腐败与垄断产业对中国城市贫困与收入不平等的影响。其研究的垄断产业跟国内的理解基本上保持一致,指的是国有垄断产业,也就是国内所讲的行政垄断产业。⑤ Yun Dai(2014)研究了影响中国垄断行业高管薪酬的主要因素,其文中所讲的垄断行业指的就是行政垄断行业。⑥

(二)关于"垄断行业的行政垄断产生的根源"的研究综述

在国外,基本没有"行政垄断产业"(administrative monopoly industry)的

---

① Tsuyoshi Toshimitsu. The Optimal Choice of Internal Decision-Making Structures in a Network Industry: A Multiproduct Monopoly Case[J]. *Metroeconomica*, 2011(12): 13.

② Tsuyoshi Toshimitsu. The Optimal Choice of Internal Decision-Making Structures in a Network Industry: A Multiproduct Monopoly Case[J]. *Managerial and Decision Economics*, 2018(8): 1.

③ Spiegel Uriel. The Network Industry, Monopoly Regulation, and Social Optimum [J]. *International Journal of the Economics of Business*, 2008(15): 6.

④ Yudong Qi, Xuexin Liu, Zhili Wang. Governance Model Reform in Natural Monopoly Industries[J]. *Chinese Economy*. 2008(4): 5-22.

⑤ Xia Li Lollar. The Impact of Government Corruption and Monopolized Industries on Poverty and Income Disparity in Urban China[J]. *Asian Politics & Policy*, 2009(9): 10.

⑥ Yun Dai. Research on Influencing Factors of Executive Compensation in China's Monopoly Industries[J]. *Open Journal of Business and Management*, 2014(4): 3.

说法。但是，学者对这种因政府行为而导致的不完全竞争状态的论述却有很多。萨缪尔森、诺德豪斯在其著作《经济学》中，解释了为什么有些产业为少数大企业所控制的原因：一是大规模生产出现规模效益，二是政府的一些限制竞争者数量的法律或规章。按照他们的观点，某些产业被少数大企业所控制而形成的不完全竞争状态是由政府制定的法律或规章限制了自由竞争而导致的。① 虽然他们的论述中没有用"行政垄断"一词，但很显然，这些产业就是我国学界通常所讲的行政垄断产业。他们将这些产业的进入壁垒的形成归根于政府的法律或规章。

国外研究行政垄断行业问题的成果非常稀少，这些问题的研究主要集中于国内。现将国内理论界关于行政垄断行业产生的原因的论述进行综述。

于华阳、于良春(2008)认为我国的行政垄断是中国转轨经济体制下特定的制度安排。② 张耀伟(2008)认为，我国的垄断现状是由传统的计划经济体制衍生而来的，基本特征是寄附于自然垄断之上的过度行政性垄断。③ 陈林、朱卫平(2012)基于制度变迁的角度，明确指出我国的行政垄断是传统计划经济体制的残留，与国有经济、经济计划紧密结合。④ 范合君、柳学信(2013)指出，在计划经济时期，国家执行的赶超计划使得垄断行业服务于重工业的发展，在这种赶超模式的计划经济体制下，国家将主要的资源集中到重工业领域，尤其是作为国家经济基础的垄断行业，成为这种发展战略的"牺牲品"，国家通过补贴来压低电话、电力、铁路、民航等行业的服务价格，为重工业的快速稳定发展提供基础性条件。⑤ 吴靖烨(2015)

---

① ［美］保罗·萨缪尔森，威廉·诺德豪斯. 经济学［M］. 萧琛，译. 人民邮电出版社，2004：137.

② 于华阳，于良春. 行政垄断形成根源与运行机制的理论假说——基于制度需求供给视角［J］. 财经问题研究，2008(1)：29.

③ 张耀伟. 双重垄断下中国垄断行业改革：逻辑次序与路径选择［J］. 经济理论与经济管理，2008(8)：29.

④ 陈林，朱卫平. 经济国有化与行政垄断制度的发展——基于制度变迁理论的经济史研究［J］. 财经研究. 2012(3)：56.

⑤ 范合君，柳学信. 中国垄断行业改革的全景路径与总体趋向［J］. 改革，2013(5)：38.

则认为:"这些垄断行业的行政垄断源于我国建国初期实行的计划经济体制,即权力高度集中,国家用行政手段配置资源,所有行业的准入都由政府规定,在这种缺乏竞争的情况下自然而然地形成了企业的垄断地位。而政府经济管制的传统造成我国的自然垄断行业往往也是行政垄断行业,并且由于是政府直接投资建立,所以政府的利益与行政垄断行业的利益也密切相关。"①

韩喜平、杨威(2014)基于对垄断行业的历史考察,认为垄断行业的形成主要是源于自然资源垄断和服务国家发展需求所导致的。这些垄断行业的存在具有客观性和必要性。② 而张超、李超(2016)则通过对"垄断"这种经济现象的学理和案例分析,认为根本不存在"自然垄断"这种垄断类型,垄断的类型应分为天生垄断、行政垄断、专利垄断。在一些所谓的自然垄断行业中,如电力、天然气、邮政等,都是靠政府的行政保护才形成垄断,根本就不是因为规模经济的原因导致生产成本最低,然后由于产品价格低,把其他的竞争对手都淘汰掉。他认为,所谓自然垄断是不存在的,电信、邮政、电力等大多数公用事业的垄断其实都属于行政垄断。③

也有一些学者从政府管制角度来分析垄断行业的产生原因。许新化、罗清和(2015)指出:"政府依据公共利益规制理论,对涉及自然垄断、国民经济命脉、国家安全等因素的行业进行规制、限制和排斥竞争,通过行政性进入壁垒维护垄断者的垄断地位,这些行业就是所谓的行政垄断行业。"④ 吴靖烨(2015)认为:"政府经济管制的传统造成我国的自然垄断行

---

① 吴靖烨. 中国行政垄断行业的改革困境——一个基于奥尔森的利益集团解释[J]. 中国市场,2015(3):9.
② 韩喜平,杨威. 中国垄断行业收入偏高问题及其矫正[J]. 理论学刊,2014(3):47.
③ 张超,李超. 垄断的成因、效率与规制——兼评梯若尔规制理论[J]. 东岳论丛,2016(1):53.
④ 许新化,罗清和. 行政垄断的经济学分析:根源、损失及破除[J]. 深圳大学学报(人文社会科学版),2015(3):117.

业往往也是行政垄断行业，由于是政府直接投资建立，政府的利益与行政垄断行业的利益密切相关。"①

从以上介绍可以看出，绝大多数学者认为，我国垄断行业的行政垄断是计划经济体制的产物，只有少数学者从政府管制角度来解释垄断形成的原因。我们认为，垄断行业的行政垄断是计划经济体制的产物，是一种历史的传承，这没有任何问题。但我们认为，经过40多年的改革，计划经济时代延续下来的很多问题都被改革的大潮所清洗。到如今，那些仍带有计划经济痕迹的事物，肯定有其新的存在理由，我们应该从新的视角来认识这些"传承"。如垄断行业仍然存在行政垄断现象，我们认为可以从政府管制的角度来解释其存在的理由，并从政府管制的角度来研究这一现象。

(三)关于"垄断行业存在的问题"的研究综述

到目前为止，我国垄断行业仍存在哪些问题呢？现将近几年来，国内学界对此的研究综述如下。

张耀伟(2008)认为："寄附于自然垄断之上的行政性垄断是当前垄断行业的核心问题。在双重垄断条件下，寄附于自然垄断之上的过度行政性垄断与经济性垄断缺失并存，过度的行政干预与有效的规制体系缺失并存，垄断企业、政府和社会公众之间存在多元利益取向，政府难以以独立的身份来协调垄断企业和社会公众之间的利益冲突。"②汤吉军、郭砚莉(2012)认为："自然垄断行业改革方面还存在以下问题：一是市场结构不完善，沉淀成本显著，市场竞争需要进一步提升。某些自然垄断行业的建设和运营成本大幅下降，有条件引入竞争机制，如邮政、民航、电信等行业。即使仍属于自然垄断的行业，某些业务也需引入竞争机制，如铁路和

---

① 吴靖烨.中国行政垄断行业的改革困境——一个基于奥尔森的利益集团解释[J].中国市场，2015(3)：9.
② 张耀伟.双重垄断下中国垄断行业改革：逻辑次序与路径选择[J].经济理论与经济管理，2008(8)：29-30.

电力设备的制造、油气销售网络的经营等";"二是政府管制力度还不够，自然垄断企业滥用市场势力。某些自然垄断行业收费高、服务质量差等，这些都与企业滥用市场势力有关";"三是国有企业治理结构亟待深化。由于我国自然垄断行业的经营者主要是国有企业，因此政府管制不仅包括对私营企业市场行为的一般性管制，如价格与进入管制，而且还包括对国有企业内部治理结构的监管，如高管薪酬偏高等"。① 张蕴萍(2015)指出，我国垄断行业的改革仍然滞后于市场化改革整体布局，政企不分、效率低下、竞争缺乏等弊端并没有得到根本性的解决。各种垄断和阻碍竞争的行为，保护了落后的生产方式，破坏了市场公平原则，产品或者服务的价格等市场经济信号严重失灵，进一步导致了市场资源的错配，并加剧了市场失灵。尽管对垄断行业进行的政府规制改革取得了阶段性的成果，但是规制无力和规制无效的情况依然相当严重。其中激励机制的扭曲是造成我国垄断行业规制效率低下的症结所在。② 崔友平(2015)在历史比较和分析的基础上指出，我国现阶段的垄断是产生在经济规模集中度非常低的条件下，建立在非竞争市场基础之上的，而不是从公平竞争基础上衍化而来的。也就是说，这种垄断并非市场经济发展的结果，而恰恰是市场经济不发达的产物。③ 管乃生(2016)认为，我国垄断行业存在以下问题："产业政策不完善，造成大量无序投资、重复建设、恶性竞争，甚至寡头竞争下的产能过剩"；"行业监管缺失诱发部分垄断行业价格高、服务差、收入畸高、铺张浪费等现象"；"政企分开不彻底，在产业层面表现为垄断商对潜在竞争者的资源供给和网络接入，存在显著的市场歧视"等。④

---

① 汤吉军，郭砚莉. 沉淀成本、交易成本与政府管制方式——兼论我国自然垄断行业改革的新方向[J]. 中国工业经济，2012(12)：31.
② 张蕴萍. 规制能力提升是深化中国垄断行业政府规制体制改革的有效途径[J]. 理论学刊，2015(8)：45.
③ 崔友平. 缩小行业收入差距须破除行政垄断[J]. 红旗文稿，2015(21)：18-20.
④ 管乃生. 从放松管制到规制重构：国有垄断行业改革的新思考[J]. 经济体制改革，2016(1)：113.

另外,还有许多学者从研究的各个视角出发,指出了我国垄断行业存在的各种问题。王哲琦、杨兰品(2014)在研究国有垄断行业收入分配问题时指出:"国有垄断行业分配制度存在的问题,主要包括利润上缴比例过低、收入分配中存在结构性偏差、同股不同权、国有垄断行业收益的使用和流向存在问题。"①王敬勇(2015)则指出:"分析显示近几年来,我国行业收入差距不断扩大且尚未出现下降趋势,行业垄断比人力资本对行业收入差距的影响更大。"②金敏、张海涛(2019)在研究垄断行业价格监管问题时认为,我国垄断行业存在的成本与定价不透明、不公正问题阻碍了资本的有效配置,造成资源浪费;扭曲市场价格,破坏了市场公平竞争;阻碍了科技进步,损害了消费者利益。③

从以上介绍中,我们可以看出,学者们普遍认为我国垄断行业仍存在许多问题,其中,提及较多的有:行业竞争程度低、效率低下、破坏了市场的公平竞争、存在市场歧视、行业内部高收入拉大了整个国家的收入分配差距、产品或服务价格不透明、损害了消费者利益等。我们认为,这些问题在垄断行业或多或少地都存在,这些问题的存在也是我们研究垄断行业性质与分类改革的出发点。

三、本书的研究思路、研究框架与主要研究方法

(一)基本思路

本书的研究将围绕"两条主线"和"一个中心"展开。
"两条主线"即"政府管制主线"和"垄断行业主线"。

---

① 王哲琦,杨兰品. 国有垄断行业分配制度中存在的问题、改革障碍及调整对策[J]. 经济与管理研究,2014(1):29-33.
② 王敬勇. 行业收入差距的原因:垄断与人力资本孰是孰非?还是兼而有之[J]. 当代经济科学,2015(1):9.
③ 金敏,张海涛. 垄断行业价格监管存在的问题及其对策建议[J]. 价格月刊,2019(12):16-17.

政府管制主线将重点研究以下内容：政府管制理论的发展演变、政府管制的分类、经济性管制的特征、经济性管制的主要类型等。这些内容将为垄断行业的分类及垄断行业的管制改革提供基本的理论支撑。

垄断行业主线将重点研究以下内容：垄断理论及行政垄断理论发展演变、垄断分类、行政垄断与自然垄断之间的关系、我国垄断行业的现状、我国垄断行业存在的主要问题等。

"一个中心"就是垄断行业的分类改革这个中心。这个中心的研究是在交叉两条主线的基础上进行的，将重点研究以下主要问题：自然垄断、行政垄断与经济性管制之间的逻辑关系，政府管制视角的我国垄断行业性质，政府管制视角的垄断行业分类，垄断行业政府管制改革的理论依据，三大类垄断行业管制改革战略等。

(二)研究框架

1. 基于政府管制视角的垄断行业的性质分析

一是梳理国内理论界对我国垄断行业性质的认识，对相关文献的观点进行详细综述；二是从政府管制角度分析我国垄断行业垄断壁垒产生的原因，其中重点研究政府经济性管制与我国垄断行业之间的逻辑关系(图1-1)。

2. 基于政府管制视角的垄断行业分类

一是介绍政府管制的三种类型；二是在介绍经济性管制三种类型的基础上指出我国还存在第四种类型，即"基于社会目标的经济性管制产业"，并提出我国垄断行业包含四大类型。

3. 基于政府管制视角的垄断行业改革的总体思路

一是重点研究西方管制理论的最新发展与西方国家管制改革的实践；二是在借鉴西方国家管制改革经验的基础上，指出我国垄断行业管制改革的总体思路是放松管制与激励性管制并举。

三、本书的研究思路、研究框架与主要研究方法

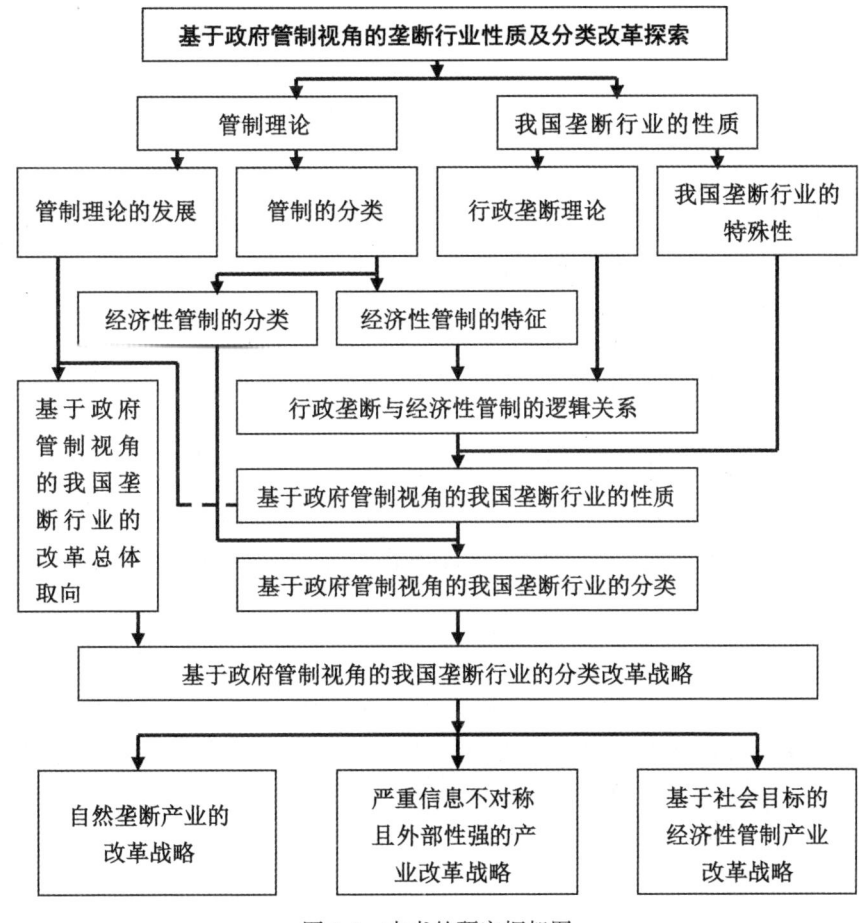

图 1-1　本书的研究框架图

4. 三类垄断产业的改革战略

分别研究自然垄断产业、严重信息不对称且其运行存在很强外部性的产业以及基于社会目标的经济性管制产业这三种类型垄断产业的改革战略。由于三大类垄断产业中子产业众多,因此,本书分别以三个典型产业(自然垄断产业的代表——电力产业,严重信息不对称产业的代表——银行业,基于社会目标的经济性管制产业代表——烟草业)为例,来分析研究三类垄断产业的改革战略。

13

(三) 主要研究方法

1. 理论演绎方法

我们采用科学的理论演绎方法，结合政府管制的特征、分类以及我国垄断行业的特征等，研究政府管制与我国垄断行业性质之间的内在逻辑关系，得出"我国垄断行业的垄断壁垒源于政府经济性管制"的结论。

2. 个案研究方法

本书在研究垄断行业分类改革战略过程中，由于每一大类垄断行业中包含多个细分行业，无法一一进行研究，因此，本书采用的是个案研究方法，选取三大类垄断行业中的一种典型产业来作为代表进行详细分析研究。

3. 调查研究方法

本书通过文献调查法查阅和研究了大量的国内外相关研究成果，为研究政府管制与我国垄断行业之间内在关系等问题提供了重要的理论借鉴；采用问卷调查法和实地调查方法获取了大量数据，为研究垄断行业改革提供了详实的数据基础。

4. 经济计量分析方法

在研究严重信息不对称且其运行存在很强外部性的代表性行业银行业进入管制现状时，主要是利用获得的大量数据，采用经济计量分析方法来进行实证分析，并依此提出相关的改革该行业的对策。

四、主要创新点

(一) 研究视角的创新

本书从政府管制的视角来分析我国垄断行业的垄断性质，从介绍政府管制的类型出发,认定我国垄断行业的垄断壁垒来自政府的经济性管制,因此我国垄断行业就是政府经济性管制行业。以此为依据,结合经济性管制的类型,本书对我国垄断行业进行重新分类,并从政府管制角度为垄断行业的改革提出分类改革的政策建议。

(二) 理论创新

本书的理论创新表现在以下几个方面:

(1)我们认为"我国垄断行业的垄断壁垒来自政府经济性管制"。我国垄断行业的性质为行政性垄断行业,这差不多是国内理论界普遍认同的观点。我们通过对我国行政垄断行业的特征与政府经济性管制进行比较发现,社会性管制属于横向约束,经济性管制属于纵向约束,垄断行业价值创造的各个环节上都或多或少存在政府的约束,是一种纵向约束。因此,我们认为,我国垄断行业是政府经济性管制的结果。我们认为,这一观点为认识垄断行业性质提供了一种全新视角,并为垄断行业的改革提供了一种新的理论支撑。

我国行政垄断的垄断壁垒源于政府经济性管制。也正是基于这一观点,我们依据经济性管制的分类,将我国垄断行业分为自然垄断产业、严重信息不对称产业(主要指金融业)以及基于社会目标的经济性管制产业(烟草、盐业、石油石化、广播电视等)。

(2)当前,经济性管制行业还包括基于社会目标的经济性管制产业。经济性管制产业一般可分为两种类型,即自然垄断产业和严重信息不对称且其运行存在很强外部性的产业。我们经研究认为,我国的经济性管制领域还存在基于社会目标的经济性管制产业,如烟草、盐业、石油石化等。因此,本书从经济性管制三种类型角度将我国垄断行业划分为三种类型:自然垄断产业、严重信息不对称且其运行存在很强外部性的产业以及基于社会目标的经济性管制产业。

(3)对于基于社会目标的经济性管制产业,改革的主要方向是解除或大幅度放松经济性管制,行业管制由经济性管制(纵向约束)为主改变为以社会性管制(横向约束)为主。本书以烟草业为例,提出烟草业的管制改革就是要彻底放弃过去的增加财政收入的管制目标,而回归到控烟以保护公众健康这一社会性管制目标上,"变全方位的经济性的纵向管制为横向的单一的为保护公众健康的社会性管制"。

(4)放松管制与激励性管制是我国垄断行业改革的基本取向。自20世纪80年代以来,放松管制与激励性管制是全球政府管制改革的两大核心主题。我们认为,我国垄断行业的改革特别是自然垄断产业与严重信息不对称产业的管制改革也应该围绕这两个主题展开,这既符合政府管制改革的全球趋势,也与我国市场化改革的总取向相一致。

(5)垄断行业的改革要在中国特色社会主义政治经济学的指导下,根据不同类型实施不同的放松管制改革战略。2015年,中共中央、国务院出台了《中共中央、国务院关于深化国有企业改革的指导意见》,提出"分类推进国有企业改革"。众所周知,我国垄断行业基本上属于国有垄断行业,因此,本书提出的垄断行业的分类管制改革取向与我国确立的国有企业分类改革战略不谋而合。

第二章 基于政府管制视角的我国垄断行业的性质与分类

一、垄断的含义与分类

(一) 垄断的含义

"垄断"一词的英文是 monopoly，该词源自希腊文 monopolion。在希腊文中 monopolion 是由 monos 和 polein 组合而成的。monos 意为"单独的"，polein 则为"买卖""经商"之意。希腊文 monopolion 即为"独占""垄断""专利""买卖"之意。

美国学者贝恩认为，垄断一般指的是在某些产业中，一家或少数几家厂商控制着产业绝大部分甚至全部产量，使得产品价格在长期内不仅超过长期边际成本，而且往往还大于长期平均成本(Bain, 1954)。①

贝恩的这个定义给出了垄断的两大基本特征：一是厂商面临一条向下倾斜的需求曲线，即单个厂商的产量选择可以对产品的市场价格产生显见的影响，使得利润最大化的定价原则变为边际成本与边际收益(而非价格)相等；二是在长期内，厂商在获得正常利润的同时，还能获得正的经济利

---

① Bain J S. Economics of Scale, Concertration, and the Condition of Entry in Twenty Manufacturing Industries[J]. The American Review, 1954(1)：15-39.

润或垄断利润。

基于哈佛学派的 SCP 分析框架,① 当前的理论界通常从两方面来理解"垄断"一词:一是垄断结构;二是垄断行为。

基于市场结构的视角,垄断是指存在一个卖主而有众多买主的市场结构,或者存在一个买主而有众多卖主的市场结构,即垄断结构。这种市场结构实际上就是完全垄断的市场结构。如果要将寡头垄断与垄断竞争也包括在内,垄断结构的定义应该是这样的:在某一市场,一家或少数几家的厂商,其市场份额高到具有足够操纵市场供给的程度的市场结构,也就是说,垄断结构意味着个别或少数垄断厂商的行为能够对整个市场产生较大的影响。

基于市场行为的视角,垄断是指个别或少数厂商对供给或需求的控制,包括控制产量、瓜分市场、操纵价格等,即垄断行为。

哈佛学派认为,垄断结构是垄断行为产生的前提和基础。根据现代经济学的观点,在完全竞争条件下,任何一家厂商的行为对市场来讲都是可忽略不计的,厂商即使想实施高价格、操纵市场等行为,但由于其实力弱小而无法实现其目的。但是,一旦垄断结构形成,如一家大企业获得了独家市场供应权或绝大部分供应权,就有可能引致垄断行为。

对于处在垄断结构条件下的大企业,基于利润最大化目标,它们可通过包括积极创新提高企业技术水平或管理水平等途径来提高企业内部经营效率,以获得更多的利润,这些竞争手段能增进社会总福利,这也是垄断的好处之所在;但垄断企业也可能采用无助于效率、损害社会福利的垄断性手段来获得高额垄断利润。如果没有反垄断法的规制,且撇开道德等因素,垄断企业在利润最大化目标的驱动下,由于科技创新、管理创新等竞争手段需要付出大量成本且见效又慢,因此,垄断企业将更热衷于使用见效快、努力少、成本低的垄断竞争行为来获取高额利润。这类垄断竞争行

---

① 哈佛学派认为,市场结构(Structure)、市场行为(Conduct)和市场绩效(Performance)三者之是相互联系的,这种分析思路简称 SCP 分析框架。

为包括：为维持自己的垄断结构和持久的垄断利润，而打击现实或潜在的竞争对手的不正当竞争行为；使用有垄断地位的商品搭售没有垄断地位的商品的搭售行为等。当然，在没有反垄断法规制的条件下，现实中处于垄断地位的垄断企业会因为实施垄断行为存在巨大的成本(如违法成本、道德谴责等)而放弃实施垄断行为。因此，在存在垄断结构的前提下，是否有垄断行为的发生，取决于实施垄断行为的成本有多高。也正是基于这一原因，许多学者都主张"反垄断不反垄断结构，只反垄断行为"(戚聿东，1997)。虽然对这一观点也有不同的看法，但自20世纪70年代以来，西方主要市场经济国家的反垄断实践也的确是如此操作的，如70年代末，基于芝加哥学派的理论指导，美国政府明显放松了对垄断大企业的限制，而将反垄断的重点放在反垄断行为上。这方面的介绍有很多，在此就不再赘述。

(二) 垄断的分类

对垄断进行分类一般都是从结构角度进行的。

1. 完全垄断、垄断竞争和寡头垄断

新剑桥学派最著名的代表人物罗宾逊在其著作《不完全竞争经济学》中，将市场结构分为完全竞争、完全垄断、垄断竞争和寡头垄断四种基本类型。在不完全竞争的市场(也就是存在垄断因素的市场)中，垄断结构有三种类型：完全垄断、垄断竞争和寡头垄断。

这也就是说，从市场结构角度，我们可以将垄断分为：完全垄断、垄断竞争和寡头垄断。

2. 纯经济垄断、自然垄断与人为垄断

按照垄断产生的来源，我们可以将垄断分为纯经济垄断、自然垄断(natural monopoly)与人为垄断(artificial monopoly)。

纯经济垄断也称市场垄断，是指因市场力量或技术原因导致的垄断。

我们通常所说的垄断就是这种垄断，相关理论在接下来的"市场垄断理论"部分将作详细介绍。

自然垄断是指在没有人为的进入限制的条件下，通过市场竞争而形成的垄断。鲍莫尔等（Baumol，1982）将自然垄断定义为："某个行业可称不自然垄断，如果在整个产量范围内厂商的成本函数是次加的。"[①]

上述定义表明：在自然垄断产业中，单一厂商生产整个产业所有产量的总成本要低于由两家或两家以上厂商共同生产该产量所支出的总成本，即垄断生产能降低社会总成本。这意味着，在自然垄断产业，垄断在生产上是有效率的，有利于实现社会福利的最大化，而竞争则是无效率的。因此，政府对自然垄断行业实施管制，实质上就是要保证这一领域的垄断结构，以实现社会福利最大化。

人为垄断可以定义为根植于特权的垄断。[②] 人为垄断大多是由政府的行政行为所致。假如政府授予某家厂商市场的独占权，或者针对厂商的独占状态（或行为）给予长期或永久的保护，或者政府直接从事排他性的经营活动，那么行业的人为垄断便可形成。人为垄断的基本特征是，一旦某家厂商获得了市场独占权（或垄断权），其他厂商（潜在进入者）至少在其有效期内被剥夺了进入该市场的权利，或者说进入成本为无穷大。人为垄断意味着竞争的壁垒是由政府行为而引致的，也意味着这一壁垒是很难突破的。因此，在人为垄断条件下，潜在进入者无法进入该市场与现有的竞争者竞争，这也意味着，现有竞争者（即在位者）缺乏潜在竞争的压力，从而也缺失提高效率的动力。

3. 自然垄断、行政垄断与市场垄断

曼昆在他的《经济学原理》中，从进入壁垒角度将垄断细分为三种主要

[①] W J Baumol, J Panzar, R Willig. Contestable Markets and the Theory of Market Structure[J]. Harcourt, Brace & Jovanovic, 1982: 159.

[②] 伊顿、李卜西曾对自然垄断和人为垄断下过定义，认为两者的区别在于垄断者能否在垄断价格下阻止他人进入。

类型：市场垄断、自然垄断和行政垄断。这一观点得到我国理论界的普遍认同。从曼昆的论述来看，其对垄断的三种分类与上一部分论述的垄断分类(将垄断分为纯经济垄断、自然垄断与人为垄断)在本质上是一致的。曼昆所讲的市场垄断指的就是纯经济垄断，行政垄断就是人为垄断，自然垄断的涵义则完全一致。

在国内，关于垄断的分类，绝大多数学者所持的观点都与曼昆的观点相一致，即将垄断分为市场垄断(纯经济垄断)、自然垄断和行政垄断三种类型。本书所用的垄断行业分类标准就是采用这一分类标准，并依据这一标准，结合政府管制的相关内容，从政府管制的角度对垄断行业再进行分类，然后提出相应的改革措施。

二、垄断理论

(一)市场垄断理论

市场垄断也称纯经济性垄断，是指因市场力量或技术原因导致的垄断。在现代西方经济理论中，除了特别说明是研究自然垄断外，其他所论及的垄断基本上都属于纯经济性垄断即市场垄断。

纵观西方经济学说的发展史，我们就会发现对垄断问题的研究实际上贯穿于西方经济理论发展的始终。

16世纪后期到17世纪，垄断思想就已出现。在当时，代表新兴资产阶级利益的重商主义的经济思想和政策，反映了这一商业阶层追求资本原始积累的欲望。该学派认为货币(指黄金和白银等贵金属货币)就是财富。一个国家拥有的金银贵金属货币越多，就意味着越富裕。如何拥有更多的货币呢？重商主义认为，增加货币财富的最主要途径就是国际之间的商业贸易，商业贸易是财富的源泉。基于这一观点，他们提出了相应的贸易政策，重点是管制贸易政策。他们认为，自由贸易无法令一国积累越来越多的货币财富，因此，政府必须实行管制贸易政策，鼓励出口，限制进口，多卖少买甚至不买,通过贸易顺差来积累更多的货币财富。重商主义这种管制贸易思想也是一种商业垄断思想,其也算是重商主义的垄断理论,该理论可算是早期西方垄断理论的重要组成部分。

18 世纪到 19 世纪初,以亚当·斯密为代表的古典经济学家秉承自由主义价值观,极力推崇自由竞争,把垄断看做竞争的绝对对立面,认为垄断的存在会严重损害社会福利。不过古典经济学家们对垄断没有进行集中而深入的论述,有关垄断的论述大都夹杂在对其他问题的论述之中。概括地讲,古典经济学家有关垄断的观点主要集中于三个方面:一是垄断是作为竞争的对立面而存在的,是有害的。亚当·斯密(1776)就认为垄断有着下列不利影响:使市场供给数量减少;使市场价格上升;使社会福利减少;不利于企业良好经营,独占是良好经营的大敌。① 二是厂商数量多,竞争因素就多;厂商数量少,垄断因素就多。三是地租是垄断的结果。约翰·穆勒在其代表作《政治经济学原理》一书中提出"地租是垄断的结果"的观点,② 并认为"一种数量受到限制的商品,尽管其所有者不是一致行动,仍然是一种垄断的结果"。③ 从现代经济学角度看,古典经济学家的垄断理论并不完全正确,例如他们没有清晰区分市场结构的垄断与市场行为的垄断;他们错误地视垄断为竞争的对立面,并将垄断一棍子打死,殊不知垄断也有好的一面,如在存在反垄断规制的情况下,垄断结构的形成意味着企业规模大,这样能带来规模效应,还有利于研发等,这些都有利于效率的提高。④

18 世纪 60 年代到 19 世纪 30 年代,随着工业革命的完成,自由主义

---

① [英]亚当·斯密. 国民财富的性质和原因的研究[M]. 商务印书馆,2005:97.

② 后来马克思在李嘉图地租理论的基础上,进一步发展了地租理论,认为资本主义地租是土地私有权垄断和土地经营权垄断导致的结果,土地私有权垄断导致了绝对地租的形成,而土地经营权的垄断导致级差地租的形成。

③ [英]约翰·穆勒. 政治经济学原理[M]. 商务印书馆,1991:93.

④ 谢作诗,李善杰,穆怀中. 垄断理论及其演进脉络:综述与评论[J]. 经济评论,2008(2):113.

经济的弊端也就是市场失灵现象开始显现,在一些欧洲国家,垄断呈现出了一些新特征,垄断问题越来越严重。理论来源于实践,因此,从那时开始,研究垄断理论的学者和作品也就越来越多。1938年,法国著名经济学家奥古斯丁·古诺出版了《财富理论的数学原理研究》一书,古诺在这本书里研究了完全竞争、完全垄断和双头垄断这三种垄断形态的市场及其内部的运行机制。在这本书里,古诺开创性地提出了垄断的科学内涵以及垄断市场的均衡条件。学者认定该书为西方经济学中最早提出双头垄断理论的著作。

到了19世纪末,一些经济学家对垄断进行了更深入的研究,开始认识到垄断除了存在许多弊端外,还具有一些特有的优势。约翰·克拉克(John Clark)认为,垄断组织能产生较高的经济效率优势。乔治·冈顿(George Gunton)认为,资本的集中并非把小生产者赶走,而是将其并入一个更大、更复杂的生产体系,在这个存在垄断的大生产体系中,大企业与小企业和谐共存,有利于生产成本的降低,大小企业都可从中获益。①

到了20世纪30年代,美国哈佛大学的经济学教授爱德华·张伯伦出版了《垄断竞争理论》(1933)一书,英国新剑桥学派的代表之一经济学家琼·罗宾逊出版了《不完全竞争经济学》(1933)一书,这两本书中关于垄断方面的理论观点代表了当时垄断理论发展的最新趋势。张伯伦的垄断理论观点主要有以下几个方面:

首先,提出不完全竞争市场理论。张伯伦认为,垄断(指完全垄断)是一家企业独占一种商品的市场,成为该种商品唯一的卖者,从而控制该商品的销售数量和价格。② 完全竞争要求必须存在着大量卖者和买者,以及一切生产者都必须生产同样的产品。张伯伦认为完全垄断与完全竞争都是市场结构中的两个极端,现实经济生活中一般不存在这两种极端市场结构状态。

---

① 新帕尔格雷夫经济学大词典[M]. 经济出版社,1992:577.
② [美]张伯伦. 垄断竞争理论[M]. 三联书店,1958:4.

其次，提出不完全竞争条件下的垄断竞争理论。在该理论中，张伯伦提出了产品差别这一新概念，并用这一新概念来解释垄断形成的原因。他认为，如果不同企业生产出的产品都是同质的，则市场结构必然是完全竞争，如果市场提供的产品存在差别，则垄断就会发生。因为这一理论贡献，张伯伦被看做现代垄断竞争理论的开创者。①

20世纪40年代，为垄断学说的发展做出最大贡献的学者要数约瑟夫·熊彼特(Joseph A. Schumpeter)。1942年，他出版了《资本主义、社会主义和民主主义》一书。该书对垄断理论的进一步发展起到了推动作用。

在这本书中，熊彼特断定垄断是有利于生产发展的。他认为，由于潜在竞争、反垄断规制的存在等因素的制约，垄断价格并不必然比竞争价格高，垄断产量也并不必然比竞争产量少。

熊彼特还指出，大企业的技术创新会促其垄断地位的形成。他认为，拥有强大经济实力的大企业，更有财力从事研发，而研发活动使技术创新成为企业内生因素，并促使市场结构发生变化，创造出更多的利润，从而形成垄断地位。②

第二次世界大战后，新兴的经济学分支——产业经济学将垄断问题的研究推进到一个新的阶段。从20世纪40年代开始，在哈佛学派众多学者的努力下，产业经济学理论体系在美国逐步形成。哈佛学派早期的代表人物梅森(F. S. Mason)以张伯伦等人的垄断竞争理论为基础，系统研究了产业组织问题，开创了产业组织理论的先河。1959年梅森的弟子贝恩(J. S. Bain)出版了第一部系统论述产业经济学理论的教科书《产业组织》，这本书被认为是产业组织学理论的代表作。

20世纪60年代，另一个专门研究产业组织理论的学派芝加哥学派迅速崛起。该学派的主要代表人物有施蒂格勒、德姆塞茨、帕尔兹曼、贝恩等人。芝加哥学派认为市场绩效决定市场结构，垄断结构并不一定会导致

---

① [美]张伯伦. 垄断竞争理论[M]. 三联书店，1958：5.
② [美]约瑟夫·熊彼特. 资本主义、社会主义和民主主义[M]. 商务印书馆，1979：56.

较差的市场绩效;相反,在反垄断规制较有效的情况下,垄断结构常常会带来较好的市场绩效。因此,他们也认为,政府不能将垄断结构作为反垄断的标准,反垄断应该主要反垄断行为。这一观点后来成为美国反托拉斯法主要立法依据之一。

20世纪80年代,西方学者针对垄断理论的研究更多地聚焦于市场进入壁垒上。首先,许多学者深入分析了进入壁垒形成的原因,认为进入壁垒形成的原因有以下几个方面:产品差异优势、绝对成本优势和规模优势。其次,一些学者就进入壁垒对经济产生的影响作了大量研究,认为放松管制,降低进入壁垒对价格的影响要比对利润的影响大;降低进入壁垒会刺激创新。这一观点为政府制定放松管制政策提供了理论支撑。

从20世纪末到21世纪初,新产业组织理论以交易费用理论和博弈论为基础,把产业组织理论的研究又推向了一个新的高度。在研究视角上,新产业组织理论将研究重心从垄断结构转向垄断行为,主张反垄断的依据应该是看该企业是否具有垄断行为,而不能以该企业规模大小作为反垄断的标准。新产业组织理论的这一观点进一步促成了西方国家反垄断政策的重大转变,即由反垄断结构转向反垄断行为。

(二)自然垄断理论

1. 早期自然垄断理论

法罗是最早从经济特征的角度来理解自然垄断的学者之一。他认为自然垄断产业是那些从来就没有发生过竞争和即使发生过竞争但最终失败的产业,并具体描述了自然垄断产业的经济特征:(1)该产业能够提供某种必需的产品或服务;(2)该产业所处的生产环境和地理条件具有天然优势;(3)产品无法贮存;(4)存在规模经济特征;(5)顾客所需要的那种可靠和稳定的供给安排,通常只能在垄断的条件下实现。[1]

---

[1] Farrer T H. The State in Its Relation to Trade[J]. *Macmillian*,1902:19.

亨利·卡特·亚当斯将产业划分为规模效益不变产业、规模效益下降产业和规模效益上升产业三类，并认为应对规模效益上升的产业实行政府管制，他把规模效益上升的产业定义为自然垄断产业。

理查德·T. 埃利把自然垄断划分为三类：(1)依靠独一无二的资源(如矿藏)而形成的垄断；(2)依靠信息独占和特权(如专利)而形成的自然垄断；(3)依靠该产业的特殊性(如业务特性)而形成的垄断。铁路和公共设施就属于第三类的自然垄断。他认为，自然垄断源于生产的规模经济状况。①

从上面的介绍中可以看出，早期的经济学者虽然也从经济特性的角度谈到了规模经济，但更多是从自然因素或自然条件的角度来阐述自然垄断的。

2. 现代自然垄断理论

与早期自然垄断理论不同的是，现代经济学基本上是立足于从规模经济这一纯经济性视角来理解和探讨自然垄断理论的。

克拉克森和米勒认为，自然垄断的基本特征是平均成本随着产量的增加而递减。这样，一个行业如果由一家企业来提供所有的产品会比多家企业提供产品的效率更高，总成本更低。②

保罗·萨缪尔森和威廉·诺德豪斯在其著作《经济学》中提出，当一个行业的规模经济和范围经济的作用强劲到只有一家企业能够生存下来，该行业就会产生自然垄断。他们认为，自然垄断最明显的经济特征是平均成本在其产出规模扩大到整个产业的产量时仍然下降。因此，由一个企业来垄断提供所有的产量比多个企业共同提供所有产量更有效率，总成本更低。③

---

① Ely R T. Outlines of Economics[J]. *Macmillian*, 1937：33.
② Kenneth W Clarkson, Roger Leroy Miller. *Industrial Organization: Theory, Evidence, and Public Policy*[M]. McGraw-Hill Book Company, 1982：15.
③ [美]保罗·萨缪尔森，威廉·诺德豪斯. 经济学[M]. 萧琛，译. 人民邮电出版社，2004：138.

斯蒂格利茨认为，在某些情况下，生产一种商品所使用的技术可能导致一个市场上只有一个企业或很少几个企业存活下来，这种情况称做自然垄断。当一个企业的平均成本在市场可容纳的产量范围内不断下降时，自然垄断就会出现。当平均成本随着生产规模的扩大而下降时，我们说此时存在着规模经济。

丹尼尔·F. 史普博认为，自然垄断通常具备下面的生产技术特征：面对一定规模的市场需求，与两家或更多的企业相比，某单个企业能够以更低的成本供应市场。自然垄断起因于规模经济或多样产品生产经济。史普博认为，自然垄断一般出现在公用事业（电力、电信、天然气和供水）及运输业（铁路、管道）中。在这些产业中，过多企业的进入可能导致传输网络和其他设施（如电缆、输油管和铁轨等）的高成本的重复投资。①

从上面的介绍中可以看出，现代经济学者在讨论自然垄断问题时，将分析的焦点聚焦于规模经济这一经济特征上。至此，自然垄断赖以形成的自然因素或自然条件被完全舍弃。

3. 自然垄断理论的新进展

20 世纪六七十年代，自然垄断理论有了重大的突破。基于对范围经济和成本次可加性（cost subadditivity）②的认识，当代经济学家开始质疑将规模经济看成自然垄断成因的观点。美国学者詹姆斯·邦布赖特认为，就某些存在普遍需求的公共服务领域而言，即使随着产量的增加，边际成本和平均成本是上升的，但这些领域由一家企业提供所有服务也是最经济的。③ 显然，他在判定自然垄断时，考虑到了范围经济的因素。随后卡恩也指出，对把自然垄断形成的原因归于不断下降的平均成本或规

---

① ［美］丹尼尔·F. 史普博. 管制与市场［M］. 余晖，等，译. 上海三联书店，1999：12.

② 国内理论界对"cost subadditivity"一词的翻译可谓五花八门，一般翻译为"成本次可加性"，也有人将其翻译为"成本劣加性"或"成本弱增性"。

③ Bonbright J C. *Principles of Public Utility Rates*［M］. Columbia University Press, 1961：33-37.

模经济应持谨慎态度。①

而在这方面进行比较系统和深入研究并取得公认学术成就的学者是以下几位美国著名经济学家：鲍莫尔（William J. Baumol）、潘扎（John C. Panzar）、威利格（R. D. Willig）和夏基（W. W. Shar-key）等。1977年鲍莫尔在《美国经济评论》杂志上发表了一篇名为《论对多产品产业自然垄断的适当成本检验》的论文，1981年鲍莫尔、潘扎、威利格三人在《美国经济评论》上共同发表了主题为"范围经济"的文章，1982年他们又共同出版了专著《可竞争市场和产业结构理论》，1982年夏基提出了"自然垄断理论"。在这些著作中，他们共同对传统的自然垄断理论进行了大胆的修正，使得自然垄断赖以成立的约束条件更加严格。严格自然垄断的约束条件，就可以减少自然垄断的产业或领域的数量，为传统自然垄断产业的放松管制改革奠定理论基础。

这几位学者的研究成果大大推动了自然垄断理论的发展，尤其是成本次可加性概念的提出，标志着自然垄断理论研究已经开始把单产品领域和多产品领域结合起来进行，从而进一步拓展了传统的研究领域。这一认识大大超越了早期和现代自然垄断理论的认识水平，把自然垄断理论由对单产品领域的认识扩展到多产品的基础上。②

近年来，西方国家开始对自然垄断产业放松管制。这种实践活动源于学术界对自然垄断边界的认识。学术界认为，电信、电力、自来水、航空运输、铁路运输、管道运输、有线电视等产业都算是自然垄断产业，但并不等于这些产业的所有业务都具有自然垄断性。在某一特定的自然垄断产业中，既有自然垄断业务，又有非自然垄断业务。③ 如电力产业，发电业务、售电业基本上属于非自然垄断业务，而输配电业务则属于自然垄断业务。由于成本的劣加性，自然垄断业务需要政府管制，通过进入管制来保

---

① Kann A E. *The Economics of Regulation: Priciples and Institutions*[M]. New York: Wiley, 1971.
② 李怀. 自然垄断理论的演进形态与特征[J]. 经济与管理研究，2006(8)：26.
③ 王俊豪. 政府管制经济学导论[M]. 商务印书馆，2006：84.

证一家或极少数企业垄断经营，以获得规模经济性；但对于非自然垄断业务，进入管制失去了存在的理论基础，因此，这些业务应实施放松管制，引导更多外部竞争者来实现竞争性经营，以取得行业竞争活力，提高产业内部效率。另外，学者们认为，自然垄断业务一般是指那些固定网络性操作业务，这些业务需要建设复杂的产品或服务的输送网络才能向社会开展，而这些产品或服务的输送网络建设需要投入大量的成本，也就是沉淀成本。①

(三) 行政垄断理论

在国外的许多市场经济国家，行政垄断不是社会的主要问题，因此，西方国家关于行政垄断方面的研究成果相对较少。由于历史原因，我国行政垄断问题到目前为止仍有所存在，且被社会广泛关注，因此，国内理论界对此研究较多。现将国内理论界关于行政垄断方面的研究成果综述如下。

行政垄断在国内有许多不同的称谓，如"行政性垄断""行政型垄断""行政化垄断"等，这几种称谓基本上没有什么差异。

关于行政垄断的定义，不同的学者有不同的具体表述。清华大学著名法学家王保树教授早在1998年就在其论文中总结了国内学术界关于行政垄断的五种不同的定义：(1) 行政垄断是通过行政手段和具有严格等级制的行政组织所维持的垄断；(2) 行政垄断是凭借行政权力而形成的垄断；(3) 行政垄断是指国家经济主管部门和地方政府滥用行政权，排除、限制或妨碍企业之间的合法竞争而形成的垄断；(4) 行政垄断是行政权力加市场力量而形成的特殊垄断；(5) 行政垄断是指政府及其所属部门滥用行政权力限制正当竞争而形成的垄断。这五种定义很好地概括了国内理论界对行政垄断一词含义的不同看法。②

史际春(1998)认为行政垄断是不存在的，他认为"无论在逻辑上还是

---

① 王俊豪. 中英自然垄断性产业政府管制体制比较[J], 世界经济, 2001(4): 35.

② 王宝树. 论反垄断法对行政垄断的规制[J], 中国社会科学院研究生院学报, 1998(5): 13.

从实践方面看，区分行政性垄断、经济性垄断、国家垄断都是没有根据的"。① 其理由是：行政性垄断、经济性垄断和国家垄断三个概念密不可分，所谓"行政性垄断"不能排除国家的合法经济垄断，将行政性垄断与国家垄断以"合法"或"非法"加以区分，极为牵强。

也有学者将行政垄断等同于国家垄断。这种观点主要存在于20世纪90年代前后，到目前为止，理论界持这种观点的学者极少，绝大多数学者认为行政垄断应包含国家垄断，二者是包含与被包含关系。胡鞍钢(2001)②、盛杰民(2001)③等人都持这一观点。

关于垄断主体也有不同的看法。众所周知，行政垄断的主体是指行政垄断行为的实施者。行政垄断的实施主体是区别行政垄断与其他形式的垄断的重要标志之一。对此，学术界存在着许多不同意见。有人将行政垄断实施主体看做"经济行政机关"；有人认为行政垄断实施主体应该是地方政府行政机关和国家经济管理部门；也有人认为，行政垄断的实施主体应是依法享有行政管理权的行政机关及具有行政管理权的企业或其他社会组织。④ 周显志、赵丽慧(2005)认为，行政主体是行政垄断的实施者，依法享有行政管理权的行政机关当然是行政垄断的实施主体。而具有行政管理权的企事业单位及其他社会组织只有在凭借授予其行政权力时实施的垄断才是行政垄断，此时其才是行政垄断的实施主体，而在其他情况下实施的垄断则不是行政垄断。⑤

我们认为，在我国行政垄断有所存在的情况下，行政垄断的主体应该是政府及其所属的部门。基于这一观点，行政垄断应该是指政府(包括各

---

① 史际春. 遵从竞争的客观规律——中国反垄断法概念和对象两个基本问题[J]，国际贸易，1998(4)：10.
② 胡鞍钢. 在社会主义市场经济体制下反行政垄断也是反腐败[N]. 经济参考报，2001-07-11.
③ 盛杰民. 竞争法视野中的行政垄断[M]. 人民法院出版社，2001：423.
④ 张瑞萍. 关于行政垄断的若干思考[M]. 法律出版社，1998：13.
⑤ 周显志，赵丽慧. 浅议行政垄断的分类及法律规制[J]. 兰州学刊，2005(8)：56.

级政府)运用行政权力控制市场准入,在一个市场上只允许一家或少数几家企业进行垄断经营。也就是说,行政垄断领域存在的进入壁垒来源于政府行政权力,且这种进入壁垒与一般的市场壁垒不同,具有不可突破性。

三、基于政府管制视角的我国垄断行业的性质

(一)学术界对我国垄断行业属性的认识

关于学术界对我国垄断行业的涵义,本书在第一章"文献综述"部分已作了详细的综述。在此,笔者将其中的关于我国垄断行业属性的最主要的观点提炼出来,以便大家更清晰地了解我国垄断行业的本质。

一种观点认为,我国的垄断行业主要指自然垄断行业。王俊豪等(2006)认为:"垄断产业的一个显著特征是具有网络性,即必须借助有形的或无形的网络系统,才能将产品或服务从生产领域转移到消费领域实现最终消费。因此,这些产业通常被称为网络产业。"[1]"从经济特征的角度看,上述垄断性产业通常又被称为自然垄断产业。"[2]柳学信(2014)指出,垄断行业由于具有自然垄断性,在没有市场竞争的压力和约束下,为了追求利润最大化,企业天生就会有降低质量和提高价格的冲动。[3] 很显然,这些学者是将他们所研究的垄断性产业界定为自然垄断产业。李振佑(2014)在论文中特别强调其研究的垄断行业"主要是指电信、电力、民航、铁路、邮政、自来水和管道燃气等具有网络性的自然垄断行业"。[4] 彭树宏

---

[1] 王俊豪,等.中国垄断性产业结构重组分类管制与协调政策[M].商务印书馆,2006:3.

[2] 王俊豪,等.中国垄断性产业结构重组分类管制与协调政策[M].商务印书馆,2006:4.

[3] 柳学信.中国垄断行业服务质量监管问题及对策[J].经济与管理研究,2014(1):22.

[4] 李振佑.垄断行业的改革历程及改革后的管制需求与供给[J].社科纵横,2014(1):34.

(2012)、杨娟、郭琎(2019)等学者也持此观点。但要说明的是，这些学者是从其研究的视角出发，将自己所研究的垄断行业定义为自然垄断行业。

另一种观点认为垄断行业就是指行政垄断行业。高尚全、尹竹(2003)认为，"从目前看，行政性垄断大致可以区分为区域性行政垄断和行业性行政垄断两种形式"，"现在的垄断可以说主要是行业性的行政垄断"。① 张传学(2006)认为："我们通常将以国家特殊政策和行政权力为依托获取高额垄断利润的行业称为垄断行业，这是一种典型的特殊利益集团，主要包括烟草、电力、电信、金融、保险、证券、石油、化工、航空、铁路、房地产、供气等。"② 吕祥永(2006)认为："中国的垄断行业和一般国家的垄断行业有所不同：一是中国垄断行业的形成不是由于竞争出现生产集中而形成垄断，而是由国家所有制政府某一部门单独经营而形成的。二是中国的垄断行业与政府部门结合得非常紧密。它不是靠经营形成垄断，而是由政府的一个部门转化而来。如石油、石化、电力、电信等是靠政府权力来施行垄断。"③ 聂海峰、岳希明(2016)认为中国的行业垄断主要为行政性垄断，即政府通过行政法规对某些行业进行保护。④ 从这些学者的论述中可以看出，他们是将垄断行业看做行政垄断行业。虽然这些学者在他们的论著中没有明确说明垄断行业包括自然垄断行业和纯行政垄断行业，但从他们的论述中可以看出，他们中有些学者实际上默认了我国的垄断行业即行政垄断行业，包括自然垄断行业和纯行政垄断行业。

而从现有的研究成果看，大多数国内学者都明确认为我国的垄断行业包括行政垄断行业(纯行政垄断行业)与自然垄断行业。王学庆(2003)认为"垄断行业可以分为自然垄断行业和行政垄断行业"，⑤ 并将电力、电信、

---

① 高尚全，尹竹. 加快推进垄断行业改革[J]. 管理世界，2003(10)：57.
② 张传学. 我国垄断行业收入分配存在问题与对策[J]. 湖北函授大学学报，2006(12)：29.
③ 吕祥永. 我国垄断行业的道路选择[J]，理论学习，2006(3)：38.
④ 聂海峰，岳希明. 行业垄断对收入不平等影响程度的估计[J]. 中国工业经济，2016(2)：5.
⑤ 王学庆. 垄断性行业的政府管制问题研究[J]. 管理世界，2003(8)：63.

三、基于政府管制视角的我国垄断行业的性质

铁路等12个行业归于自然垄断行业,而将石油石化、广播电视、烟草等5个行业归于行政垄断行业。"价格上涨的微观基础研究"课题组(2012)基于行业经济技术特征角度,将垄断行业分为自然垄断行业、行政垄断行业和其他垄断行业,他们将水、电、燃气、铁路等归为自然垄断行业,而将烟草、石油石化等划为行政垄断行业。由于信息技术变革导致通信物理载体由有线扩展出无线,通信服务业的自然垄断属性大为下降,因此,他们将通信服务看做其他垄断行业。① 戚聿东(2014)在其著作中指出:"由于垄断可分为市场垄断(纯经济垄断)、自然垄断和行政垄断,因此,垄断行业也可分为纯经济垄断行业、自然垄断行业和行政垄断行业。本书研究的垄断行业主要是指自然垄断行业和行政垄断行业,而没有将纯经济垄断行业纳入研究的范围。"② 张蕴萍(2015)指出:与发达国家不同,我国垄断行业所取得的垄断地位依靠的是行政权力,主要包括自然垄断和行政垄断。③ 另外,李振佑(2014)、潘胜文(2014)等也持有这一观点。

由于自然垄断行业一般是政府管制的行业,也是事实上的行政垄断行业,因此,以上三种观点中后两种观点实际上是一致的。笔者认同后两种观点,即我国的垄断行业就是行政垄断行业,包括自然垄断行业和纯行政垄断行业。但笔者研究发现,持有这些观点的学者并没有直接论述这些垄断行业的行政垄断壁垒产生的缘由;基于垄断行业的复杂性,也有些学者在论述垄断行业问题时,干脆采取回避的态度,根本就不对垄断行业的内涵进行界定。显然,这种做法是不负责任的。另外,笔者还发现,从政府管制的角度来研究垄断行业的垄断壁垒产生的原因以及关于垄断行业改革路径探讨的研究成果就更少了。

党的十八届三中全会明确提出,今后的改革方向就是要让"市场在资

---

① "价格上涨的微观基础研究"课题组.垄断行业价格变动特征及价格改革探索[J].调研世界,2012(1):7.
② 戚聿东.中国垄断行业市场化改革的模式与路径[M].经济管理出版社,2014:85.
③ 张蕴萍.规制能力提升是深化中国垄断行业政府规制体制改革的有效途径[J].理论学刊,2015(8):44.

源配置中起决定性作用"。笔者认为,当前,行政垄断就是阻碍市场在资源配置中发挥决定性作用的一个重要障碍。因此,我们认为,深化垄断行业的改革迫在眉睫。而要深化垄断行业的改革,必须首先界定清楚垄断行业的性质与内涵,只有界定清楚了垄断行业的性质与内涵,理论界才能准确把握垄断行业问题研究的目标,政府才能做到有的放矢,正确把握垄断行业改革的对象。否则,垄断行业改革也就无从谈起了。

经我们研究发现,我国的垄断行业的垄断壁垒的形成均与政府管制相关。

(二)政府管制及其分类

1. 政府管制

政府管制也称政府规制(government regulation),是由具有法律地位的、相对独立的政府管制者(机构),依据一定的法规对被管制者(主要是企业)所采取的一系列行政管理与监督行为。[①]

政府管制是对市场失灵的一种反应,是克服市场配置资源产生缺陷的一种不可或缺的制度安排,同时,也是整个经济系统的一个内生变量(新制度学派的观点)。具体来讲,政府管制是解决垄断问题的需要;政府管制是使外部性问题内部化的需要,特别是负外部性问题的内部化;政府管制是解决信息不对称问题的需要。

我国理论界普遍认为,行政垄断是指政府用行政权力控制市场准入,在一个市场只允许一家或少数几家企业垄断经营。

虽然行政垄断与政府管制是两个不同的范畴,但二者之间存在着千丝万缕的联系。笔者认为,我国垄断行业的垄断壁垒来源于政府的经济性管制。

2. 政府管制的分类

日本学者植草益(1992)将政府管制(公共管制)分为间接管制与直接管

---

① 王俊豪. 管制经济学原理[M]. 高等教育出版社,2007:4.

制，前者主要指反垄断管制，后者则包括经济性管制与社会性管制。①

美国学者丹尼尔·F. 史普博(1999)将管制分为两类，一是经济性管制，二是社会性管制。②

我国学术界一般从管制经济学的学科体系角度，将政府管制分为三大类：经济性管制、社会性管制和反垄断管制(或称反托拉斯管制)。③

日本学者植草益认为，经济性管制(economic regulation)是指在自然垄断和存在信息不对称的领域，为了防止发生资源配置低效率和确保资源的公平利用，政府机关运用法律权限，通过许可和认可等手段，对企业的进入和退出、价格、服务的数量和质量、投资等有关行为加以管制。经济性管制是针对特定产业的价格、市场进入、投资和服务标准等方面的控制，它是政府对某个特定产业的纵向制约。④

社会性管制(social regulation)是以保障劳动者和消费者的安全、健康，保护环境，防止灾害为目的，对产品和服务的质量以及伴随提供它们而产生的各种活动进行的管制。社会性管制属于横向约束，针对的是某一种行为，如环境污染行为，而一般情况下不会针对某一个行业。因此，一般情况下，因社会性管制而产生的行政行为与我国所谓的垄断行业也不构成直接关系。

反垄断管制(antitrust regulation)的对象是纯经济性垄断，这种管制主要针对的是纯经济性的垄断行为和不正当竞争行为，如价格歧视、操纵市场、搭售等垄断行为。其主要依托《反垄断法》，所涉及的对象主要是由市场自发竞争所导致的垄断结构和由此产生的垄断行为。反垄断管制的目的是为了促进市场公平竞争。因此，这种管制与我国带有浓厚行政垄断色彩

---

① 植草益将管制分为"私人管制"与"公共管制"两种，"私人管制"指的是由私人进行的规制，如父母对子女的约束行为；而由社会公共机构(如司法机关、行政机关以及立法机关等)对私人以及经济主体行为进行的管制则被其称为"公共管制"。

② 丹尼尔·F. 史普博. 管制与市场[M]. 余晖，等，译. 上海三联书店，1999：12.

③ 马昕，李泓泽，等. 管制经济学[M]. 高等教育出版社，2004：7.

④ [日]植草益. 微观规制经济学[M]. 朱绍文，译. 中国发展出版社，1992：27.

的所谓垄断行业不构成直接关系。

3. 经济性管制与社会性管制的不同点

从上文的定义中我们可以看出,经济性管制与社会性管制存在着许多不同之处(表2-1)。

表2-1 经济性管制与社会性管制的比较

经济性管制	自然垄断领域	纵向管制(就某一特定产业实行进入管制、价格管制、投资管制、产品质量管制等)
	严重信息不对称产业	
	其他经济性管制领域①	
社会性管制	存在严重外部性的环境保护领域	横向管制(就存在严重外部性的环境保护领域、存在严重信息不对称的消费者安全与健康领域和职业安全与健康领域产生各种共同行为实施相应的管制)
	存在严重信息不对称的消费者安全与健康领域	
	职业安全与健康领域	

总结起来,我们认为,经济性管制与社会性管制存在以下几个方面的不同之处:

一是经济性管制属于纵向约束,即政府对相关行业实施全方位的制约,包括进入、退出、价格、产品或服务质量、投资等各个方面。其中,经济性管制领域一定存在进入管制和价格管制。社会性管制属于横向约束,它只是针对社会经济生活中某一方面的外部性或信息不对称行为而实施的管制,这些行为包括环境污染、食品安全、生产安全等。社会性管制不针对某一特定产业或特定企业,所有行业的所有企业都在社会性管制的

---

① 我们认为,在我国,经济性管制领域还应该包括烟草、盐业、新闻出版、石油石化等纯行政垄断行业,这些行业我们称之为"基于社会目标的经济性管制产业"。本章第四部分将对此进行详细论述。

范围内。只不过,就某一外部性或信息不对称行为而言,社会性管制会针对不同的行业采用不同的管制标准,如就食品安全管制而言,政府针对餐饮行业与饮料行业所实施的管制标准与管制措施就大不一样。

二是经济性管制的内容主要是经济方面的,如市场进入、产品或服务价格、投资、产品服务质量等,其中,最基本的管制内容是进入管制与价格管制。而社会性管制的内容则限于存在严重外部性、信息不对称等社会性问题领域,涉及的主要领域有环境、安全、健康等。

在此,还需要说明的是,经济性管制领域(或行业)也在社会性管制的范围之内,如电力、铁路、自来水等行业的企业如果存在环境污染、生产安全等方面的问题,违反了社会性管制方面的法律法规,如《中华人民共和国环境保护法》《中华人民共和国安全生产法》等,这些企业也将受到相应的处罚。

(三) 行政垄断与政府管制之间的关系

如前文所述,基于市场结构的视角,垄断是指存在一个卖主而有众多买主的市场结构,或者存在一个买主而有众多卖主的市场结构。垄断可分为市场垄断(纯经济垄断)、自然垄断和行政垄断(曼昆,2009;戚聿东,2014)。

行政垄断是指政府用行政权力控制市场准入,在一个市场只允许一家或少数几家企业垄断经营。

虽然行政垄断与政府管制是两个不同的范畴,但二者之间存在着千丝万缕的联系。

首先,行政垄断与政府管制的主体都是政府。虽然有些国家特别设立独立的管制机构来规制相关领域,但这些所谓独立的管制机构,实际上也是政府机构;而我国的行政垄断行为都是由政府机构来实施的,当然包括中央政府机构和地方政府机构。

其次,行政垄断与政府管制所涉及的领域存在重合之处。如我国的行政垄断涉及的领域有交通、通信、电力等自然垄断领域,也涉及银行、证券、保险等严重信息不对称的领域,同样,西方的政府管制理论也把这些领域看做政府规制的重点领域。

最后,无论是行政垄断行为还是政府管制行为都会为相关领域带来进出限制,形成市场壁垒,影响到相关领域微观主体的行为,进而都会影响到资源的配置效率。

由此可见,我国的行政垄断与政府管制存在千丝万缕的联系,要想严格区分行政垄断与政府管制是很困难的。笔者认为,我国当前的行政垄断领域(行业)实际上就是政府管制领域(行业),因此,我们可以引入政府管制的相关理论与方法,作为探索我国垄断行业改革的依据。

(四)基于政府管制视角的垄断行业性质

1. 我国垄断行业的性质

笔者认为,在我国被社会各界所诟病的"垄断行业"实质上就是行政垄断行业。

众所周知,垄断意味着市场进入壁垒的存在。一个行业如果被称作垄断行业就意味着该行业存在着严重的市场进入壁垒。曼昆从进入壁垒来源角度把垄断划分为三种类型:市场垄断、自然垄断和行政垄断。我国经济学界也通常从垄断壁垒的来源角度将垄断分为以上三种类型。

在这三种类型中,市场垄断也称纯经济性垄断,是指因市场力量或技术原因导致的垄断。如微软视窗在电脑操作系统领域的垄断地位,高通在智能手机芯片领域的垄断地位,我国的北大方正在激光照排系统领域的垄断地位,格兰仕在微波炉市场的垄断地位等。这些行业的垄断属于纯经济性垄断,很显然,我国所谓的"垄断行业"并不是指这种纯经济性垄断行业。

笔者认为,我国垄断行业的垄断壁垒来自政府,具有非常明显的行政垄断属性,而自然垄断领域与纯行政垄断领域都在我国垄断行业的范围内。

但是,这些行业为什么会存在政府行政垄断的壁垒呢?或者说,政府对这些行业实施行政垄断的理由是什么呢？笔者认为，要回答以上问题必须从政府管制角度入手。

2. 基于政府管制视角的垄断行业垄断的理由分析

笔者认为，我国垄断行业的垄断壁垒来自政府管制。

如前所述，行政垄断与政府管制存在着千丝万缕的联系。而我国的垄断行业就是行政垄断行业，那到底我国的垄断行业跟政府管制又存在什么关系呢？

笔者认为，我国的垄断行业的垄断壁垒来源于政府的经济性管制，也就是说，我国的垄断行业就是政府经济性管制的行业。

如前所述，经济性管制属于纵向约束，即政府对相关行业实施全方位的制约，包括进入、退出、价格、产品或服务质量、投资等各个方面，而且经济性管制领域一定存在进入管制和价格管制。也就是说，处于经济性管制之下的行业就存在政府凭行政权力来限制市场进出、产品价格、产品质量等行为，这些行业包括铁路、电力、电信、民航、自来水、石油石化等。

在社会主义市场经济体制下，为什么还有那么多行业存在因政府行政行为实施而形成的行政垄断壁垒呢？或者说，这些行业的行政垄断存在的理由是什么呢？

从管制经济学的角度就可以很好地解释在这些领域存在行政垄断的必要性或者说是理由。铁路、电力、电信、民航、自来水、石油石化等行业因为存在着经济性管制的必要性，需要政府实施纵向管制措施，因而，这些行业的行政垄断也就具有存在的合理性。

四、基于政府管制视角的垄断行业的类型

(一) 经济性管制的类型

管制经济学一般将经济性管制的对象分为两大类：

第一大类为自然垄断产业，如电力、电信、铁路、自来水、天然气等。管制的目的是解决该类产业所特有的生产效率和资源配置效率的根本冲突。众所周知，自然垄断行业的垄断壁垒一方面来自行业自身的特点，即"成本劣加性特征"（cost subadditivity）。保罗·萨缪尔森和威廉·诺德豪斯认为，当一个行业的规模经济和范围经济的作用强劲到只有一家企业能够生存下来时，该行业就会产生自然垄断。他们认为，自然垄断最明显的经济特征是平均成本在其产出规模扩大到整个产业的产量时仍然下降。因此，由一个大企业垄断经营就会比多个小企业共同提供全部产品更有效率。① 这就是所谓的成本劣加性或成本弱增性。缘于规模经济与范围经济的存在以及首期投资的巨大，自然垄断产业这种"自然属性"在一定程度上对外来的竞争者产生了一定的威胁作用，但是，这并不能完全阻止外来的竞争而使得该行业形成独家垄断或极少数几家企业垄断经营的局面，要维持该行业独家垄断或极少数几家企业垄断经营的市场结构，就必须要有政府行政行为来干预。因此，自然垄断产业的管制就应运而生，政府通过行政手段来保证该行业的垄断局面，以实现社会福利最大化，于是，自然垄断也就与行政垄断存在不可脱离的干系了，可以说自然垄断行业就是行政垄断行业。

第二大类为严重信息不对称且其运行存在很强外部性的产业。银行、证券、保险等行业由于存在着严重的信息不对称，具有很强的脆弱性，再加上这些行业的运行存在着很强的外部性，如银行业一旦破产，遭受巨大损失的是存款人，银行自身的私人损失要远小于其破产给社会带来的总的损失。也就是说，其经营失败的损失主要由社会来承担。正是基于这一理由，世界上差不多所有的国家都对金融业实施较强的政府管制。我国对金融业一直以来都实施全方位的政府管制，因此，银行、证券、保险等行业也属于行政垄断行业。

---

① ［美］保罗·萨缪尔森，威廉·诺德豪斯. 经济学［M］. 萧琛，译. 人民邮电出版社，2004：138.

四、基于政府管制视角的垄断行业的类型

很显然，这两种类型的产业就是我国的垄断行业。但我们认为，我国的经济性管制行业还包括除这两种以外的第三种，这一种类的经济性管制产业，我们将它称之为"基于社会目标的经济性管制产业"。

如前文所述，我国的垄断行业包括自然垄断行业和纯行政垄断行业。上面所述的经济性管制对象中，严重信息不对称且其运行存在很强外部性的产业就属于纯行政垄断行业。但是，在我国当前特定的历史条件下，纯行政垄断行业除了这些类型外，还包括烟草、广播电视、新闻出版、石油石化等行业（具体结构框架如图2-1所示）。虽然现代西方管制经济学没有将这些行业列入经济性管制范围，但笔者认为，这些行业在我国也应属于经济性管制范畴。

经济性管制具有两个基本的特征：一是纵向约束，即政府对相关行业实施全方位的制约，而不是像社会性管制那样，只管制企业经营中的某一方面的行为，如环境污染、食品安全等；二是管制内容主要是经济方面的，如市场进出、价格、投资、产品服务质量等。

我国政府一直以来对烟草、盐业、石油石化、新闻出版等行业实施包含市场进入、价格、投资和质量等方面的纵向行政约束，因此，这些行业的管制具有明显的经济性管制特征。但是，政府对这些行业的管制主要是基于社会目标，如我国对烟草业实行"统一领导，垂直管理，专卖专营"的管理体制，从生产、价格、流通等方面对该行业实行全方位的管制，实行这一管制的目标就是控烟，因为烟草制品是对消费者健康有害的特殊消费品。我国政府实施的这类管制从管制目标角度看，与社会性管制是一致的，但社会性管制属于横向约束，针对的是某一种共同行为（如环保、健康、安全等），并不是某一行业，而我国政府对石油石化、烟草、盐业等行业采取的管制是一种纵向约束，是对相关行业的一种全方位的管制，因此，笔者认为这种类型的管制应归于经济性管制的范围内，政府的这种管制涉及的石油石化、烟草、盐业等行业就属于因政府实施经济性管制而产生的纯行政垄断行业，笔者将这些行业定义为基于社会目标的经济性管制产业。

综上所述，在我国，经济性管制的对象应包括自然垄断产业、严重信息不对称且其运行存在很强外部性的产业以及基于社会目标的经济性管制产业三种类型。这三种类型的产业也就是我国所谓的"垄断行业"。具体情况见图2-1。

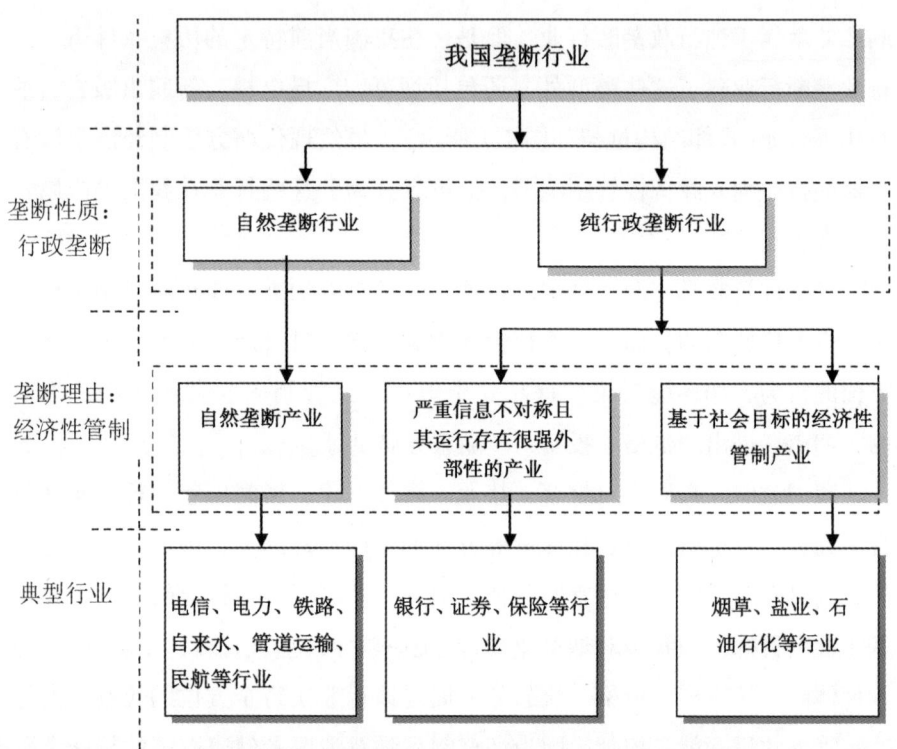

图2-1 我国垄断行业的性质及类型结构示意图

（二）基于政府管制视角的我国垄断行业的分类

如前所述，我国的垄断行业就是政府经济性管制行业。而经济管制的对象或领域包括自然垄断产业、严重信息不对称且其运行存在很强外部性的产业以及基于社会目标的经济性管制产业共三种类型。因此，我国的垄断行业也就包括在这三大类型中。具体行业分类如表2-2所示。

表 2-2　经济性管制与我国垄断行业的典型类型

经济性管制类型	经济性管制行业（即垄断行业）典型类型
自然垄断产业	电信、电力、铁路、民航、邮政、自来水、管道运输、有线电视等
严重信息不对称且其运行存在很强外部性的产业	银行、证券、保险等
基于社会目标的经济性管制产业	烟草、盐业、新闻出版、石油石化等

这里需要特别说明的是，本书所列出的垄断行业类型是学界通常所使用的行业类型，而没有严格按照国家公布的《国民经济行业分类》标准来确定。

《国民经济行业分类》是由国家统计局会同有关部门联合制定的，是对全社会经济活动进行的标准分类，其将行业分为四个层次，即门类、大类、中类与小类。该分类标准是一项广泛用于计划、统计、财政、税收、工商行政管理等国家宏观管理及部门管理的重要国家标准。该标准于2002年10月正式实施。

按照《国民经济行业分类》（GB/T4754—2017）标准，行业门类（即俗称的"大行业"）有20个，行业大类（即俗称的"细行业"）有97个，大类下的中类有473个，中类下的小类有1381个（具体情况见表2-3）。如"金融业"为行业门类中的一个，金融业门类中，包括货币金融服务（主要指银行业）、资本市场服务（主要指证券业）、保险业、其他金融业等四个大类行业；再譬如，"制造业"行业门类包括43个行业大类，里面包含的行业类型非常复杂。在对垄断行业类型予以确定时，我们发现，如果按行业门类来确定垄断行业类型，20个行业门类中，具备典型垄断行业特征的行业只有3个，即"电力、热力、燃气及水生产和供应业""交通运输、仓储和邮政业"以及"金融业"。以这样的标准确定垄断行业，就会导致其他门类中具有非常明显垄断特征的众多大行业不能进入我们研究的垄断行业群体中。如，"制造业"包含的43个行业大类中，包含有非常典型的垄断行业"烟草制品业"，也包含有带有一定行政垄断特征的"石油、煤炭及其他燃

43

料加工业";但"交通运输、仓储和邮政业"门类中,却又至少包含了一个非垄断行业——"装卸搬运和仓储业"。因此,按行业门类标准来确定垄断行业的类型不太妥当。

表 2-3　国民经济行业分类(依据 GB/T4754—2017 标准)

门　类	大类	中类	小类
A 农、林、牧、渔业	5	24	72
B 采矿业	7	19	39
C 制造业	31	179	609
D 电力、热力、燃气及水生产和供应业	3	9	18
E 建筑业	4	18	44
F 批发和零售业	2	18	128
G 交通运输、仓储和邮政业	8	27	67
H 住宿和餐饮业	2	10	16
I 信息传输、软件和信息技术服务业	3	17	34
J 金融业	4	26	48
K 房地产业	1	5	5
L 租赁和商务服务业	2	12	58
M 科学研究和技术服务业	3	19	48
N 水利、环境和公共设施管理业	4	18	33
O 居民服务、修理和其他服务业	3	16	32
P 教育	1	6	17
Q 卫生和社会工作	2	6	30
R 文化、体育和娱乐业	5	27	48
S 公共管理、社会保障和社会组织	6	16	34
T 国际组织	1	1	1
(合计)　　　　　20	97	473	1381

我们认为，按行业大类标准来确定垄断行业类型是比较理想的。但是，按这一标准来分类也存在一些明显的问题。如行业大类中有些个体带有明显的垄断特征，但其下一级子行业(中类)却包括了非常明显的竞争性行业。如"交通运输、仓储和邮政业"门类下的"邮政业"大类，其下涉的中类行业中既包含了明显的垄断行业类型，如"邮政基本服务"行业，也包含了明显的竞争性行业，如"快递服务"行业、"其他寄递服务"行业。因此，如果严格按照行业大类标准确定垄断行业，那么将"邮政业"放到垄断性行业就不合适，放到竞争性行业也不合适。

基于以上这些原因，本书在确定垄断行业时，主要以行业大类标准为基础，并结合学术界对垄断行业习惯性的称呼来确定。如，按《国民经济行业分类》标准，大类里的"铁路运输业""航空运输业"，本书使用俗称的"铁路业"和"民航业"；"货币金融服务业"用"银行业"来替代(这实际上大大缩小了货币金融服务业的范围)；"电力、热力生产和供应业"只抽取了"电力业"，而将其他的产业排除在外等。我们采取这样的处理办法，一是为了使研究便利化，二是为了使我们的研究重点更加集中于社会关注的焦点领域。

五、垄断与管制之间的关系总结

本章前文中全方面地论述了垄断、垄断行业与政府管制之间的关系。现将前面论述的内容作一个全面的总结，以使读者对前文所论述的内容有一个更清晰的认知。本章前文中所论述的垄断、垄断行业与政府管制之间的关系可由图2-2来综合反映。图的左边呈现的是政府管制所包括三个方面的内容：经济性管制、社会性管制和反垄断管制，而经济性管制对象主要包括自然垄断产业、严重信息不对称且其运行存在很强外部性的产业(主要指金融业)和基于社会目标的经济性管制产业(烟草、盐业、石油石化等)。而图的右边呈现的是垄断的三种类型：自然垄断、行政垄断和纯经济性垄断，垄断的这一分类是基于垄断的来源角度。

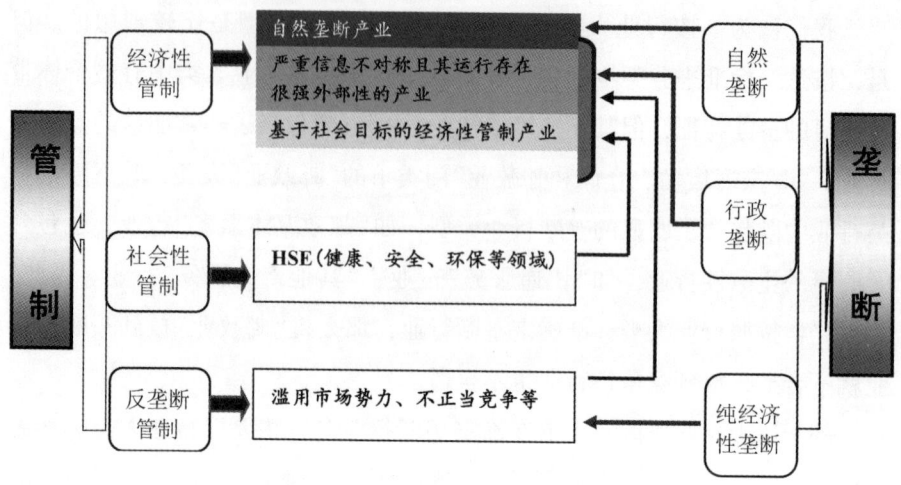

图 2-2　垄断与政府管制之间的关系

首先要说明的是，社会性管制是为了解决健康、安全、环保等领域社会共同的问题，而不针对某一特定的产业，所以，只要存在这些问题，就在政府社会性管制的范围内。因此，社会上所有的产业，包括政府经济性管制产业(铁路、银行、烟草等)也都在政府社会性管制的范围内。

其次要说明的是，一般情况下，反垄断管制直接针对的是纯经济性垄断(因技术、效率等因素所产生的垄断势力)，但大家都知道，现代反垄断法针对的主要是垄断行为，因而，反垄断管制的主要对象应该是所有的违反反垄断法的垄断行为，当然，某些政府无法容忍的垄断结构问题也有可能在反垄断管制的范围之内。根据哈佛学派的理论观点，垄断行为是以垄断结构为前提的，或者说，只有垄断结构(主要指的是市场进入壁垒)形成后才有可能发生垄断行为。反垄断反的是所有的垄断行为，而不管这种垄断行为是因什么原因而形成的垄断结构。也就是说，因政府经济性管制所形成的行政垄断行业(包括铁路、银行、烟草等)也在反垄断的范围之内，只要这些行业的垄断企业存在非法的垄断行为，就要遭到反垄断法的制裁。

最后要特别说明的是，行政垄断产业包括经济性管制的三个对象产业,或者说,自然垄断产业、严重信息不对称产业(主要指金融业)以及基于社会目标的经济性管制产业(烟草、盐业、石油石化等)三个经济性管制产业均为行政垄断产业,只不过铁路、电力、供气等产业既存在自然垄断,又存在行政垄断,因而被称为"双重垄断产业"。由此,我们得出结论,行政垄断产业的垄断障碍源自政府的经济性管制,进而认为,"我国的垄断产业就是政府经济性管制产业"。

第三章 西方政府管制理论的发展演变及对我国的启示

政府管制理论是伴随着西方国家市场经济的发展而诞生和演进的,当市场出现失灵现象,需要政府运用各种手段进行调控,以实现资源有效配置和社会公平时,政府管制理论随之产生。随着市场环境的变化,政府管制理论所关注的重点也发生了相应的变化,在这个过程中政府管制理论体系也得到了发展和演变。纵观西方管制理论和实践的发展,市场和政府管制一直处于一个动态博弈的过程之中,这也是各国不断进行管制改革的原因。本章通过总结、把握西方管制理论的演进脉络和发展趋势,探讨完善我国社会主义市场经济体制与深化改革的理论基础与实践途径,意义深远。

一、西方政府管制理论的发展历程

(一)早期政府管制理论的萌芽

1848年,以穆勒为代表的一批经济学家开始了对自然垄断和经济规制问题的研究,他们认为,在经济运行的过程中,尤其是在微观经济领域,会出现市场失灵的现象,这就需要政府进行干预,对经济进行规制。1887年,美国历史上第一个独立的联邦经济规制机关——州际商业委员会成立。

随着西方资本主义国家纷纷完成了资本的原始积累,市场的力量开始在价格和竞争领域发挥着越来越重要的作用。著名经济学家亚当·斯密认为市场具备自我调节的功能，政府不应该也没有必要干涉自由市场。但伴随着市场经济的发展，人的本性开始激发出市场自身自发性、盲目性、滞后性等一系列问题，依赖市场调节也会产生宏观经济波动、分配不公等问题。① 此外，在不完全竞争市场条件下，市场机制的作用总是受到限制。1933年，张伯伦和琼·罗宾逊各自提出了垄断竞争理论，这一理论的出现，意味着垄断和竞争不再是非此即彼的关系，垄断和竞争是可以同时存在甚至交织在一起的。在1950年发表的《产品差异化与公共政策》中，张伯伦认为消费者需要多样化的产品，完全竞争中产品是同质的，因此完全竞争并不是一种理想的市场结构。罗宾逊受斯拉法的启发，从产品市场和要素市场两个方面进行了买方垄断和卖方垄断两种市场结构的研究。②

在不完全竞争的市场条件下，商品的生产及流转无形中受到大型厂商行为目标的影响，要想使整个市场机制运行的目标与社会经济发展的目标相一致，政府就需要及时调整大型厂商的行为目标，进行有效的宏观管理。张伯伦和罗宾逊深入阐述了不完全竞争理论，颠覆了人们对市场竞争完美无瑕的看法，使市场机制固有的缺陷逐渐进入了大众视野，并使人们开始思考政府在市场经济中的规制作用，这也是早期政府规制理论的萌芽。

(二) 西方政府管制理论的产生

1. 哈佛学派

哈佛学派的形成可以追溯到20世纪30年代，主要代表人物有梅森(E. S. Masson)和贝恩(J. S. Bain)，在他们看来，市场结构(Structure)、市场行为(Conduct)和市场绩效(Performance)是相互联系的，具体来说，市场

---

① 刘舒怀. 西方国家有关政府经济职能的理论述评[J]. 新西部, 2016(33): 172.

② [英]琼·罗宾逊. 不完全竞争经济学[M]. 华夏出版社, 2012: 267.

结构对企业行为起决定作用，而市场行为又直接关系到整个市场运行的效益即市场绩效。由此看来，要使市场绩效达到一个令人满意的水平，就必须对市场结构进行调整，而要想调整市场结构，一个重要的手段就是出台公共政策。1959年，贝恩在《产业组织》中对影响市场结构的因素进行了分析，他认为这些因素主要包括产业集中、产品差异化、进入壁垒以及规模经济性等。在此基础上，谢勒进行了更深入的研究及总结，同时考察了微观和宏观的影响，将哈佛学派的理论体系向前推进了一步。

在哈佛学派的SCP分析框架中，其分析范式遵循从市场结构到市场行为，再由市场行为到市场绩效，最终到公共政策的步骤。如前所述，由于市场结构、市场行为、市场绩效是相互联系的，要使市场绩效达到一个令人满意的水平，就需要经过政府这一主体，对不合理的市场结构进行调整和完善。

2. 芝加哥学派和新奥地利学派

芝加哥学派和新奥地利学派的出现促进了SCP分析框架的发展，该学派将可竞争市场理论作为主要内容，综合其他观点给政府规制提供了理论依据，形成了新SCP分析体系。在他们看来，在不完全竞争市场环境下，提高生产效率和技术水平以达到令人满意的市场绩效同样是可行的，而不是只能在哈佛学派理想的市场结构中才能做到。这种不完全竞争市场包括寡头垄断以及更极端的独家垄断，一旦市场不存在任何进入限制且退出市场不必付出额外的成本时，就会给所有市场环境下的企业造成一种潜在的竞争压力，潜在竞争压力会促使企业不得不提高自身的生产效率以获得或者保持竞争优势。

另外，芝加哥学派认为传统的哈佛学派的SCP范式过于简单，企业的市场结构、市场行为、市场绩效之间并非是一种单向因果关系，而是相互影响、互为因果的复杂关系。在芝加哥学派看来，政府规制对市场的干预不宜太多甚至必要时可以放松规制，并强调反托拉斯法的实施重点应放在对卡特尔企业的价格协调行为和市场协调行为的控制和禁止上。

3. 后 SCP 流派的政府规制理论

科斯(R. H. Coase)等人率先引入交易费用这一概念,在此基础上产生了一个新的经济学分支——新制度产业经济学,他们重视制度的作用,主张以制度为切入口对经济问题进行分析,这就是"后 SCP 流派"。该学派从交易费用的角度研究企业组织理论,不仅从技术角度考察企业和垄断竞争角度考察市场,还从企业(公司)内部产权结构和组织结构的变化来分析企业行为的变异及其对市场的影响。其认为制度这一因素对市场行为有着重要的影响,良好的制度可以使交易费用降到一个很低的水平,各种经济主体有更多的生产积极性,从而整个市场能够进行高效、有序的分工和合作,产生良好的经济效益,最终整个市场的资源得到优化配置以及社会福利达到最大化。后 SCP 学派提出的"信息不对称"理论使政府管制在竞争性产业的实施上有了理论基石。[①]

"结构—行为—绩效"分析范式,将产业组织研究的主要内容包容在一个简洁的框架内,尽管不同理论学派对市场结构、市场行为、市场绩效在产业组织问题分析中的逻辑顺序和核心起点的认识不一,但以市场结构、市场行为、市场绩效作为分析产业组织问题的基本分析框架却得到不同学术流派的应用和继承,垄断、竞争、合作以及规模经济等始终是产业经济学领域关注的重点问题,同时也为政府规制理论的演变与发展奠定了重要的基础。

(三)西方政府管制理论的发展

斯蒂格勒(George Stigler,1971)发表的《经济规制理论》一文开创了经济学的一个新分支——管制经济学,从规范分析到规范与实证的相结合,规制理论得到了不断的发展。这个时期对规制理论体系的研究是建立在规范分析框架上对公共利益的分析,以福利经济学为基础,认为规制的动因

---

① 薛才玲,黄岱. 政府管制理论研究[M]. 西南交通大学出版社,2012:16.

是市场机制不完善，存在市场失灵，规制是在确保资源配置效率的情况下，保证公众利益不受损害，提高整个社会的福利水平。① 政府规制作为一种特殊的"商品"，是规制者与利益集团之间供求的结合，以实现利益再分配目的。政府规制不能取得预期的效果往往在于政府规制除了保护公共利益的动机之外，还存在着其他动因，这也是实证分析的主要观点。以下选取几个具有代表性的规制理论。

1. 公共选择理论

利益最大化是对政府规制规范分析过程中的最基本理论假设。"公共选择理论之父"布坎南（Buchanan，1986）通过对政治过程的经济学分析，提出了政府失灵理论。该理论认为，政府尤其是公共部门在为社会提供公共物品的同时，会倾向于滥用甚至浪费资源，一个直接的结果便是公共支出成本居高不下或者效率处于一个较低的水平，最终政策的实施效果不仅可能达不到预期，甚至会适得其反，降低社会福利水平。② 公共选择理论把政府行为和制度因素纳入经济学分析框架，作为经济运行的内生变量，认为政府也会与经济人一样，追求自己的私利，这种私利可能表现为某种特殊的利益，如政党利益、某些大企业的利益等，如此一来，政府制定政策的首要目标便不再是公众的利益。这一观点很好地说明了为何在现实社会中一些政策往往不能满足公众的期望以及政府规制的低效率等问题，扩展了规制理论的研究范围。

2. 规制俘虏理论

关于政府的规制动机，施蒂格勒通过对 19 世纪以来美国政府规制的历史考察，揭示了某些利益集团要求其利益得到保障，而一旦这些要求

---

① George Stigler. The Theory of Economic Regulation [J]. *Bell Journal of Economic and Management Science*，1971：3.
② 曹菁. 布坎南的公共选择理论综述[J]. 云南社会主义学院学报，2013(1)：239.

与规制者自身的利益一致时,规制者便会采取规制手段,这也就是规制的成因。① 政府采取特定的规制手段,保护部分利益集团的既得利益,可以获得更多的政治支持;利益集团由于规制政策限制了行业某些竞争者进入,获得了垄断利润。② 规制立法不再是出于对公众利益的考虑,而是为了服务于产业的需求,立法者被产业俘虏,造成的一个直接后果就是个别影响力极大的利益集团会不断地为谋取便利而进行寻租活动。佩尔兹曼(Sam Peltzman,1976)用规制机构并不仅仅为单独一个利益集团所俘虏的观点拓展了斯蒂格勒的理论。他将多集团势力的影响数学化表述为政治支持函数,在利润和价格函数的约束下,求解出政治支持函数的最大值,即最优规制政策。贝克尔(Becker,1983)重点研究了不同利益集团之间是如何竞争的,在他看来,利益集团对政府部门总的影响是处于一个固定的水平,通过把政府规制的规范分析与实证分析相结合,贝克尔认为某一领域一旦发生了市场失灵且政府进行了干预,即对市场行为进行规制,利益集团便可以通过政府的规制获得更大的潜在收益,由此看来,那些长期处于市场失灵的行业更可能因利益集团的诉求而受到规制。③

3. 放松规制与激励性规制理论

20世纪70年代以来,美国、英国、日本等发达国家开始对电信、运输、金融、能源等产业实行放松规制的政策。鲍莫尔等人引入沉没成本和完全可竞争市场等概念,他们假设企业在进入和退出市场时没有任何形式的壁垒限制,同时潜在进入者能够及时、准确地观察到市场价格,并能够迅速地做出反应,在第一时间选择进入或者退出市场。可竞争市场存在规模经济和垄断现象,潜在进入者的存在会给企业施加压力,在该压力的作

---

① 张红凤. 利益集团规制理论的演进[J]. 经济社会体制比较,2006(1):59.
② [美]斯蒂格勒. 产业组织和政府管制[M]. 潘振民,译. 上海三联书店,1996:10.
③ 王爱君,孟潘. 国外政府规制理论研究的演进脉络及其启示[J]. 山东工商学院学报,2014(2):110.

用下,少数在位企业在制定定价策略时便无法采取垄断价格以获得超额利润,最后只能采取竞争性价格定价并获得正常利润,这更加接近现实经济中的市场状况。所以政府要做的是放宽或取消原有的规制,引入竞争机制,减少规制成本,促进企业效率提高,改进服务,如将行业禁入改为自由进入、取消价格规制等。随着完全放松规制带来过度私有化等问题,激励机制在规制理论中的作用显得越来越重要,它的主要内容包括特许投标、价格上限管制等。将激励机制纳入规制理论的范围中来,意在充分发挥制度的作用,通过合理有效的激励手段来弥补政府在规制中的不足之处,让被规制企业拥有更多支配利润的机会,这样既促进了企业内部效率的提高,同时为规制机构提供了制定规制政策所需要的相关信息,减少规制成本。①

竞争理念的重新引入使得规制理论在演进中进一步发现市场机制的优越性,核心理念从基于规制与竞争的对立转向二者的融合,提倡以各种形式的市场竞争替代传统的政府规制,使得政府规制理论体系以一种更加科学更加开放的方式发展并在经济发展中起到积极的引导作用。

二、政府管制理论的最新进展

从20世纪80年代中期开始,随着Baron和Myerson将微观经济学理论中的新理论、新方法引入管制理论体系,管制经济学在委托—代理理论、机制设计理论等方面取得了明显进展。

以拉丰(J. Laffot,1991)和梯若尔(J. Tirole,1991)为代表的图卢兹学派在信息不对称的基本假设下,将激励理论和博弈论应用于在信息不对称条件下对受规制企业的定价、生产、服务、质量和接入等方面的最优规制方案设计,从而开创了"新规制经济学"。②

---

① 王俊豪. 管制经济学原理[M]. 高等教育出版社,2007:4.
② 汪红梅. 市场力量与政府规制的均衡——2014年诺贝尔经济学奖得主梯若尔的主要学术贡献[J]. 江汉论坛,2015(2):27.

规制机构与被规制企业之间存在明显的信息不对称问题，被规制企业更了解自身的生产成本、为提高生产技术付出的努力水平等信息，厂商有动机夸大自己的成本以获得更多补贴，导致政府规制不能得到有效实施。激励性规制理论的新发展得益于信息经济学的发展，信息经济学的发展使得把信息约束和博弈机制纳入规制筹划的范围成为可能。该理论的代表性观点有：在信息不对称这一客观事实存在的情况下，规制方和被规制方有可能采取逆向选择和道德风险行为，对信息租金的争夺便发展成限制规制效率提高的关键，即使规制从某种程度上可以弥补市场的缺位，但不可避免地产生因逆向选择和隐藏信息等行为导致的信息租金成本。效率与信息租金存在着矛盾性：要想提高效率，企业就必须获得信息租金，然而信息租金就代表着成本，提高效率的代价是必须付出这样一笔社会成本，这本身就与效率是矛盾的。政府欲使规制政策合理有效，就不得不充分获取企业的私有经营信息，于是企业在逐利性的引导下，有动机刻意隐藏经营信息以获得政府支付的信息租金，据此，政府就必须在规制信息搜索和实行激励性信息显露政策二者之间做出权衡。

传统规制俘虏理论重点关注的是对规制的需求方的研究，通常对规制的供给方选择忽略或者避而不谈。新规制俘虏理论采用了一个三方结构博弈模型，模型中包含一个委托人（政府部门）、一个监督人（基层规制者）和一个代理人（被规制企业），将规制结构划分为两层：第一层是以规制机构与被规制企业为代表的委托代理关系，第二层是作为委托人的政府与规制机构之间存在的委托代理关系。政府如果不能做出准确的判断和选择，规制政策就有可能对利益集团有利而对公众不利。新规制经济学从两层委托代理关系的角度，重新解释了规制俘获发生的过程，即在存在信息不对称和两层委托—代理的框架下，什么样的规制机制对规制俘获这一现象具有针对性，并可以有效地降低或消除规制机构被利益集团俘虏的可能性。具体来说，若被规制企业对规制机构的游说、收买频发，就应当制定低激励强度的规制规则，要想采用高激励强度的规制手段，就必须制定可以缓解规制俘获问题的行政管理制度，通过规制分权、强化对规制者问责、提高规制者与被规制企业之间的交易成本等措施来抑制可能产生的规制俘获问题。①

20世纪90年代以来，新制度经济学得到了不断的发展，规制理论也逐渐被引入到新制度经济学的研究范围和分析方法中来，最终产生了独树一帜的新制度经济学管制理论。尤其是产权理论、交易费用理论、委托—代理理论和契约理论等，极大地促进了市场规制理论的创新研究。以科斯定理为理论基石，产权理论对规制理论的机理特别是微观内在机理做出了更深层次的解释。根据产权理论的内容，规制双方的互动、交流等行为是在"产权"这一微观层次上进行的，其通过对规制各方在规制产生前后的产权状态、规制过程中造成的权利的转移、监管、命令等方面的分析，从微观层面上为调整和治理市场中的企业组织行为提供了一套可供参考的优化结构和激励机制。与产权理论不同，交易费用理论更多地是关注规制实施前后交易成本的减少或增加，并指出由于机会主义行为的存在，在交易的过程中可能形成双边垄断的局面。特别是在资产专用性程度较高的情况下，通过市场机制去协调市场会产生极高的费用，而交由企业组织来协调反而会导致事倍功半。据此分析，诸如公共产品、自然垄断等这类交易活动的协调工作交给政府来进行才是最优选择，这是由于政府作为一种公共权力组织，拥有权威界定职能，在减少公共性、专用性产权的界定费用上能发挥重要作用，并能以社会利益作为首要目标，在与买者制定合理价格的同时保障供给，从而减少或消除机会主义行为带来的额外的交易费用。

从近几年西方政府规制理论的发展情况看，虽然，包括图卢兹学派在内的西方学者努力将博弈论、契约理论、委托—代理理论等应用于规制经济学领域，并在不完全信息假设下，将更多的微观因素引入规制经济学理论模型中，在研究方法和研究视角上有了许多创新，但这些创新都是在20世纪70年代西方学者所创导的放松管制与激励性管制的研究方向上延伸出来的，或者说，这些理论创新实质上并没有突破放松管制与激励性管制这

---

① 杜传忠.政府规制俘获理论的最新发展[J].经济学动态,2005(11):72.

两个研究框架。因此，我们认为，放松管制与激励性管制将仍是管制经济学理论研究的两个基本方向。

三、西方政府管制理论的发展演变对我国的启示

目前我国已经进入改革开放的深水区以及经济进一步优化发展的关键时期，科学有效的政府规制以及合理的制度安排可以极大地促进市场运行效率的提高，影响经济结构、就业等关键宏观变量的变化，管制的作用、范围、深度也在不断变化，重新构建一套适应现代市场经济体制的政府管制框架是新时代中国经济转型的制度基础。西方管制理论的发展演变，为我国政府管制改革提供了以下几点理论启示。

（一）放松管制是政府管制发展的趋势

作为一种治理机制，政府管制的基础依旧是市场经济体制。改革开放以来，我国政府逐步放松了对部分产业的规制，公共事业部门正处于市场化改革过程之中，自然垄断产业也由行政性垄断向政企分开、引入竞争、提高效率方向转变，在经济转轨的过程中，当放松管制的改革出现一些问题时，也积极寻求市场化的规制手段，不再回到严格管制的老路上去。

《中共中央、国务院关于深化国有企业改革的指导意见》（2015）指出，国有企业改革要遵循市场经济发展规律和企业发展规律，坚持政企分开、政资分开、所有权与经营权分离；坚持权利、义务、责任相统一；坚持激励机制和约束机制相结合；促使国有企业真正成为依法自主经营、自负盈亏、自担风险、自我约束、自我发展的独立市场主体。增强活力是搞好国有企业的本质要求，加强监管是办好国有企业的重要保障，要切实做到两者的有机统一。因此，激发企业活力、创造力和市场竞争力是未来国有企业发展的大趋势。"十三五"时期，新一轮国资、国有企业改革的重要内容是政府职能的转变，体现"放松经济管制、加强社会性管制"的原则，大幅度减少政府对企业微观活动的直接干预和自由裁量权，实现资源配置由市

场起基础性作用向决定性作用转换，为积极引领中国经济"新常态"提供根本机制保障。

我国放松管制与垄断行业密切相关。自然垄断、严重信息不对称的产业，如电信、铁路、银行等垄断行业，受技术、经济条件的限制，往往与政府的行政性垄断交织在一起，同时，这些行业基本上都是由国有企业垄断经营，无形中加大了改革的难度和复杂性。

如前所述，放松管制的目的不外乎两个方面，一是降低管制成本，二是提高被管制企业的内部效率。实际上，从我国当前的实际情况看，随着我国市场化程度的不断深入，铁路、电信、电力、银行等垄断行业的管制成本也在不断上升；同时，由于这些领域的垄断企业基本上都是国有企业，长期的垄断经营导致这些企业的内部效率比较低下。这也是为什么这几年来，国家不断地强力推进以混合所有制改革为主要方向的国有企业改革的原因所在。因此，我们认为，在推进垄断行业改革、推进国有企业混合所有制改革的过程中，西方放松管制理论以及放松管制政策都对我国的垄断行业改革有着重要的借鉴意义。

(二) 实施激励性管制重在设计最优规制方案

如前所述，激励性管制的目的就是为了提高被管制企业的内部效率。近年来，以法国图卢兹学派的代表人物拉丰、梯若尔为代表的西方学者运用不同的方法，从不同的视角研究了如何设计一套激励机制，来实现对被管制企业的有效管制。这些学者的研究结论对我国垄断行业的改革以及国有企业的改革都有着重要的借鉴价值。

拉丰、梯若尔(2003)在为《政府采购与规制中的激励理论》一书所写的序言中指出，"中国公用事业的自由化需要先进的规制方法"，新规制经济学"提供了中国经济学家可以用来发展适合中国规制理论和规制实践的工具和方法"。规制模式是一种由多个不同主体进行博弈、协商，最后达成各方都认可的共同治理机制，这就意味着政府与其他关系主体之间的合作关系需要重新定义，而不仅仅在于使用传统的控制手段。激励性管制的本质在于激励机制的优化。选择合理的激励机制，对规制政策效率的提高意义深远。以成就激励为例，在当前阶段对管制人员上一阶段的工作成效进行反馈、评估，并通过目标管理对管制目标进行分解，从长期和短期两方面进行接下来的管制工作，这样既能使目标具体化，也可以使管制政策具有更多的可操作性，最终可以达到提高管制人员工作效率的效果。对于建立健全国有企业经营管理人员的激励约束机制，提高国有企业经营效率和市场竞争能力的方法，应当从内因和外因两个方面考虑。例如，从内因上看，股权激励是企业管理制度中的一项重要创新制度。对国企而言，持股经理人必然改进公司治理结构，减少政府监控成本，从而提高经营效率，进一步加强对代理人的激励约束。此外，健全的市场体系作为外在因素，需要建立一个经营者市场、产品市场、资本市场相互配套的联运体系，它是建立有效激励约束机制的基础。要使我国的管制改革在激励机制方面取得令人满意的成果，一个必不可少的工作便是从政府职能部门中把管制部门单独区分出来，并成立专业化水平高、权责明确的管理机构。例如，在一些特许投标竞争行业（自来水厂）和需要价格上限管制的行业（电信产业中的部分业务），激励性管制中的效果欲彰显出来，在管制政策实施过程中，就必须在各个环节强化外在监督力量。

(三) 政府管制行为也需要约束

经济学中一个最基本的假设为"行为人是理性的"。无论是管制者或是被管制者，都会倾向于选择使其利益最大化的行为，即便是政府也未必能做到追求公共利益的最大化。在政府规制过程中的寻租和腐败问题往往使政府规制偏离了既定方向，导致"规制失灵"。我国由计划经济向市场经济转型的过程，也是政府的权力逐渐被弱化，企业和消费者的权利不断增加的转变过程。从某种程度上说，政府既是改革的实施主体也是改革的对象之一，所以，需要对政府的行为进行一定的约束。

针对政府管制行为，我们认为应该从以下几个方面对其加强约束：

首先，要强化法律法规的约束作用。在国外，政府管制是以法律为准绳的，必须依法实施管制。在我国，由于许多领域的政府管制没有出台专门的法律，法律的缺失致使政府管制的制度化程度低；而某些已出台的管制法律又没有针对政府行政权限做出详细的、系统性规定，因而导致政府管制的透明性及合理性存在疑问。因此，政府管制改革首先就应该在管制规则上着手，不仅要完善各领域管制的基本法律法规，而且还需要对现有的法律法规作进一步补充和完善。

其次，要加强社会监督力度。在保证规制过程透明化的前提下，应将政府管制行为的监督权利交给社会，这样既可以降低交易成本，又可以增强人民群众的参与感，为经济转型提供更多的助力。

第四章　我国垄断行业改革取得的成就与当前存在的问题

一、我国垄断行业改革的历程[①]

改革开放之前，我国的铁路、电力、电信、邮政、银行、城市供水等垄断行业的垄断企业全部都是国有企业。随着1970年代末改革开放大潮的开启，我国垄断行业的改革(实质就是管制改革)也随着国有企业改革大幕的开启而不断推进与深入。与国有企业改革的历史进程相一致，我国的垄断行业改革大致也经历了以下几个阶段。

(一)放权让利、扩大企业自主经营权阶段(1978—1984)

20世纪70年代末到80年代初，中国改革开放的大幕开启，与其他领域的国有企业改革一样，我国政府也开始对垄断行业的国有企业实行放权让利、扩大企业自主经营权的改革。譬如，允许电信企业收取电话安装初装费及一些业务上的附加费，以此增加收费项目，缓解企业资金的不足；民航业进行了一系列例如建立经济核算制的体制改革，放松了进入管制，允许非国有资本进入该行业；对铁路行业也实施放权让利的

---

①　范合君，柳学信.中国垄断行业改革的全景路径与总体趋向[J].产业经济，2013(5)：33-35.

改革措施,将铁道部的一部分权力下放给地方铁路局,并实行全行业的经济责任大包干,这些措施刺激了行业内部效率的提高,大大促进了铁路行业的发展,为解决我国一直以来存在的限制国民经济快速发展的交通瓶颈问题做出了重大贡献。但是,这一时期的改革虽然在一定程度上提高了垄断行业内部的效率,增加了垄断行业垄断利润,但是,改革丝毫没有触动垄断行业垄断体制的根基,垄断行业的一系列问题并没有得到有效解决。

(二)垄断"破冰"阶段(1985—1993)

20世纪80年代中后期到90年代初,伴随着我国经济体制改革的进一步推进,为了解决长期的公共物品的供需问题,缓解制约我国经济发展的瓶颈问题,我国开启了垄断行业改革的大幕,各个垄断行业在政府的推动下开始在一定程度上实施放松管制,引入竞争。

20世纪80年代中期,电力行业以"集资办电"代替"独家办电",一定程度上打开了发电市场,引入了新的投资主体;1986年,铁道部提出实行"以路建路""以路养路"的经济承包责任制,大大突破了原有的管理体制,推进了铁路行业管理体制的改革;1987年,民航业开始实行政企分开,成立了六大直属民航公司和十几家地方航空公司;20世纪90年代初,邮政业开始实行邮电分离,政企分开;1993年引入了民营快递公司,打破了邮政行业"一家独大"的垄断局面。

这一阶段各垄断行业的改革措施趋于相同,都在探索政企分开,在一定程度上引入市场竞争,打破了原有的垄断体制,但这一阶段的改革仍未涉及较深层次的体制矛盾,市场机制在垄断行业的作用仍没有发挥出来。

(三)大规模改革阶段(1994—2004)

20世纪90年代后期至21世纪初期,我国垄断行业进入大规模改革阶段。在这一阶段,各垄断行业纷纷开始了以放松管制、变革体制为主的改革。

一、我国垄断行业改革的历程

电信业 1994 年成立"中国联合通信有限公司",行业准入门槛放松。1995 年电信业实行政企分开,将原电信总局变为企业法人,并成立了中国电信公司。1998 年,我国设立信息产业部,作为电信业的监管机构。2000—2001 年在政府的主导之下,我国电信业进行了多方位的分解重组,2000 年 4 月电信、移动分离,成立中国移动通信集团公司;2002 年 5 月 16 日中国电信集团公司与中国网络通信集团公司经重组后正式宣布成立。经这次重组,我国电信领域格局出现了新的变化,形成了中国电信、中国网通、中国移动、中国联通、中国卫星和中国铁通六家基础电信企业和 4000 多家增值电信、无线寻呼企业相互竞争的格局。① 电信行业竞争主体的增加,大大促进中国电信企业提高内部效率的积极性,也刺激了我国电信业整体发展水平的提高。

电力行业 1995 年成立了中国电力投资有限公司,并在香港设立了中国电力国际有限公司,实现了融资主体扩大化。1997 年中国国家电力公司成立,同时撤销了电力部,将其有关职能交由国家经贸委行使。2002 年,国家电力公司被拆分成 11 家公司,电力行业市场结构发生变化,竞争市场扩大。2003 年,电力监管委员会成立,管理体制进一步变革。

而民航业在 1997—2001 年先后进行了四次票价改革,放松了价格管制。2002 年,民航业市场结构发生变化,行业重组,形成了以国航、南航、东航三大直属运输公司为主的格局。在此期间,国家开始放松对民航业的投资管制,允许民间资本投资。

2000 年,铁道部进行了铁路机构改革,铁路业朝着政企分开的方向迈进了一大步。

经过这一阶段的大规模改革,电力、电信、民航等垄断行业都趋于从政企分开、变革管理体制、增加投资主体、放松行业管制等方面进行改革,并对原有的框架体系进行拆分重组,引入更多市场竞争机制。这一时期的改革规模大、力度大、范围广,不仅瓦解了垄断行业固有的垄断属

---

① http://www.people.com.cn/GB/historic/0516/6308.html.

性，也触及了深层次的体制问题。

(四) 改革徘徊阶段(2005—2010)

21世纪初期，经过第三阶段大规模的改革，我国除铁路业外的各垄断行业基本脱离了政企不分的状态，行业整体效益大大提高，改革成效显著。

2008年，电信业再次重组，中国电信收购了中国联通的C网，并纳入中国卫通的基础电信业务，组建"新电信"，中国网通纳入中国联通的G网业务，组建"新联通"，中国移动与中国铁通合并组建"新移动"，形成了延续至今的中国电信业"三足鼎立"的局面，电信业的市场结构进一步完善。2008年电信业重组的具体情况见图4-1。

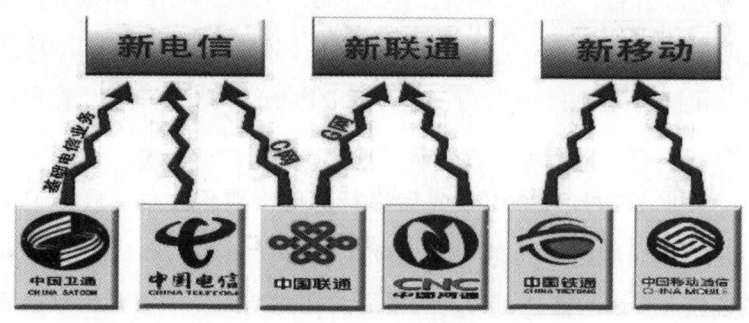

图4-1 2008年中国电信业重组情况

2005年，邮政业出台了"一分开，二改革，四项措施"的改革方案，计划重组国家邮政局，改革邮政主业与储蓄业务，将普通服务性业务与竞争性业务分解，并区分中国邮政集团公司业务与快递公司业务。2009年出台了新的邮政法，邮政行业专营权得到扩大。

2010年，国务院出台了《国务院关于鼓励和引导民间投资健康发展的若干意见》，民航业的投资管制进一步放松。

这一时期虽然部分垄断行业的改革仍在继续，但相较于各行业整体的快速发展，大多数垄断行业改革力度不强。自2005年起的五年内，改革力度逐渐放缓，进程逐渐放慢，整个垄断行业的改革几乎进入了停滞阶段。

(五) 改革重启阶段(2011年至今)

由于"十二五"规划将垄断行业改革视为改革发展的重点，我国电力、电信、铁路、民航等垄断行业再次掀起改革的浪潮。

2013年，国家能源局重组，国家电力监管委员会正式并入能源局，有效避免了电力行业过度管制和垄断问题，进一步推进了电力改革。2015年，政府将电价划分为三部分，放开电力行业售电权，打破了电网企业的售电专营权，分步实现发电、售电价格由市场形成。

2013年，铁路业实行政企分开，铁道部不再保留，其职能被拆分成三部分：一是将拟定铁路发展规划和政策的行政职责划入交通运输局；二是组建国家铁路局承担铁道部的其他行政职责，负责拟订铁路技术标准，监督管理铁路安全生产、运输服务质量和铁路工程质量等；三是组建中国铁路总公司，承担铁道部原有的企业职责。

2015年出台的《中共中央、国务院关于深化国有企业改革的指导意见》指出："对自然垄断行业，实行以政企分开、政资分开、特许经营、政府监管为主要内容的改革，根据不同行业特点实行网运分开、放开竞争性业务，促进公共资源配置市场化；对需要实行国有全资的企业，也要积极引入其他国有资本实行股权多元化"，为随后的垄断行业内的国有企业改革指出明确的方向，这也是我国垄断行业管制改革的指导方针。

2016年，"十三五"规划提出"加快开放电力、电信、交通、石油、天然气、市政公用等自然垄断行业的竞争性业务"，使这一阶段垄断行业的改革进一步深化。

2018年，中国人民银行提出了进一步扩大金融业开放的多项措施，包括取消银行和金融资产管理公司的外资持股比例限制，将证券公司、基金管理公司、期货公司、人身险公司的外资持股比例上限放宽至51%等。目前，这些措施绝大部分已经落地。2019年5月25日，"一行两会"负责人集中释放金融改革开放两大政策信号："坚定不移推进金融业全方位对外开放""加强监管严防金融风险"。

2019年6月，工信部正式颁发了5G商用牌照。除了中国移动、中国电信、中国联通这传统三大运营商"如愿"得到5G牌照外，中国广电也"很意外"地获颁了5G牌照。中国广电的加入打破了长期以来电信业三足鼎立的局面，进一步提升了通信业的竞争程度，这既有利于促进通信业内部效率的提高，也有利于增进民众的福利。

从上面的介绍中我们可以看出，改革开放以来，我国政府一直在推行垄断行业的改革，尤其是自20世纪90年代初开始，实施了大规模、重力度的改革。改革的内容既包含了产权改革，也涉及政府管制改革。在我们看来，由于我国垄断行业内的垄断企业主要是国有企业，因此，产权改革的实质也是政府管制改革。

二、我国垄断行业改革取得的成就

经过40多年的改革开放，我国垄断行业的改革取得了巨大成就，这些成就归纳起来主要有以下几个方面。

（一）垄断行业盈利能力有了很大的提升

改革开放以来，特别是自20世纪90年代初开始，我国政府开始打破垄断行业过去一直存在的独家垄断的行政垄断格局，主动为垄断行业引入新的竞争主体，增强了垄断性行业内部的竞争程度。当前主要垄断行业内的垄断企业情况如表4-1所示。

二、我国垄断行业改革取得的成就

表 4-1　当前我国主要垄断行业内的垄断国有企业情况

垄断行业名称	行业内的垄断国有企业
铁路	中国国家铁路集团有限公司(原中国铁路总公司)
电力	南方电网、国家电网、五大国有发电集团公司(华能集团、大唐集团、华电集团、国电电力、国家电投)
电信	中国电信、中国移动、中国联通(中国广电 2019 年 6 月获得 5G 商用牌照)
民航	国航、南航、东航
邮政	中国邮政集团有限公司
烟草	中国烟草总公司
银行	工商银行、农业银行、建设银行、中国银行、交通银行
石油石化	中石油、中石化、中海油

经过多轮的改革，到目前为止，虽然大多数垄断行业仍然存在寡头垄断的局面，但这与 20 世纪 90 年代之前的绝大多数垄断行业均为独家垄断的市场状况相比，的确有了很大的改变，行业内的竞争程度也有了大幅度的提升。这既有利于保护消费者的权益，也大大改善了这些垄断行业的内部效率。

譬如，电信业在过去 20 多年中，经过了多次分拆与重组，形成了今天的中国电信、中国移动、中国联通"三足鼎立"的寡头竞争的市场竞争格局。由于三巨头业务交叉重叠，再加上政府有意引入新的竞争主体(如 2019 年中国广电获 5G 商用牌照)，行业内的竞争程度日趋提升，这既有利于行业内部效率的提高，也有利于增进消费者福利。近年来，国内电信资费(包括移动网络流量资费)呈现不断下降的趋势就是一个很好的例证！

实际上，各种引入竞争主体的改革措施全面推动了我国各个垄断行业盈利水平的提升。我们知道，经过 20 世纪 90 年代初的"抓大放小"，许多竞争性领域的国有企业都逐渐退出这些行业。到目前为止，仍然存在的国有企业绝大部分都处于垄断性领域。现存的国有企业中，每年盈利较多的也基本上存在于垄断性行业。

据《21世纪经济报道》报道,① 2018年7月,《财富》中文网发布了最新的《财富》中国500强排行榜,榜单中的前十名分别是中国石油化工股份有限公司、中国石油天然气股份有限公司、中国建筑股份有限公司、中国平安保险(集团)股份有限公司、上海汽车集团股份有限公司、中国移动股份有限公司、中国工商银行股份有限公司、中国中铁股份有限公司、中国铁建股份有限公司、中国人寿保险股份有限公司。② 排名前十名的上市公司中,除了上海汽车外,其他9家公司均为垄断行业的上市公司。

另外,在盈利能力方面,2018年中国500强公司中,最赚钱的10家上市公司除了几大商业银行和保险公司之外,就是中国移动股份有限公司、腾讯控股有限公司和阿里巴巴集团控股有限公司(表4-2)。这十家公司创造了500家最大上市公司近40%的利润。③ 最赚钱的10家上市公司中,除了腾讯、阿里巴巴外,其他8个公司均为垄断行业的上市公司。

表4-2 2018年《财富》中国500强中盈利排名前10位公司名单及利润总额④

500强中的排名	公司名称	利润(百万元)
7	中国工商银行股份有限公司	286049
11	中国建设银行股份有限公司	242264
12	中国农业银行股份有限公司	192962
14	中国银行股份有限公司	172407
6	中国移动股份有限公司	114279
4	中国平安保险(集团)股份有限公司	89088

---

① 资料来源:2018年7月11日《21世纪经济报道》。
② 这里统计的是中国上市公司的数据,没有上市的大企业没有进入这个榜单,如中国国家电网公司、中国烟草总公司等都没有进入这个榜单。另外,排名的依据是2017年的营业总收入。
③ 资料来源:2018年7月11日《21世纪经济报道》。
④ 资料来源:2018年7月11日《21世纪经济报道》。

续表

500强中的排名	公司名称	利润（百万元）
33	腾讯控股有限公司	71510
43	交通银行股份有限公司	70223
36	招商银行股份有限公司	70150
35	阿里巴巴集团控股有限公司	67071

从《财富》中国500强的营收排名前十位的名单以及盈利能力排名前十位的名单中，我们可以看出，目前我国垄断行业内的企业实力与盈利能力确实不容小觑。

（二）混合所有制改革为非国有资本进入垄断行业提供了机遇，同时也促进了国有企业内部效率的提高

20世纪80年代末，我国开始对国有企业实施股份制试点。到了90年代初，为了适应建设社会主义市场经济体制的需要，我国政府开始在国有企业内部引入现代企业制度。通过证券市场，首先推动一批大中型国有企业实行股份制改革，启动国有企业的混合所有制改革，开启了国有资本与非国有资本融合的大幕。由于各方面原因，进行股改上市的国有企业中，垄断性行业的国有企业占的比例非常小。①

垄断性领域国有企业大规模股改上市是在2000年以后。由于垄断行业内的垄断企业主要为国有企业，这些垄断性国有企业的股份制改造（也就是混合所有制改革）大大提高了我国各个垄断行业的内部效率，也为我国经济的高增长做出了重要贡献。

近年来，国家又进一步推动国有企业尤其是垄断领域的国有企业的混

---

① 据我们统计，2000年前上市的国有企业主要是竞争性领域的国有企业，如上海证券交易所成立后第一批上市公司共8家，分别是豫园商场、凤凰化工、爱使股份、飞乐股份、飞乐音响、真空电子、申华电工、延中实业。在深圳证券交易所上市的第一批公司共5家，分别是深发展、深万科、深安达、深金田、深原野。在上海证交所与深圳证交所上市的第一批企业全是国有企业，且都属于竞争性领域。

合所有制改革，使得大量的非国有资本进入过去无法进入的垄断行业，这既带动了垄断行业国有资本经营效率的进一步改善，同时也为非国有资本进入垄断行业提供了便利，促进了社会公平。譬如说，2017年，在政府的推动下，中国联通公布了混合所有制改革方案，启动试点混合所有制改革。2018年，中国联通集团下属的上市公司正式引入BATJ等14家战略投资者，这14家外来投资者在联通上市公司中股权占比达到了35.19%。从表4-3中可以看出，混改三年多来，中国联通的财务状况有了很大的改善。

表4-3 2016—2020年中国联通主要财务指标①

年份	2016	2017	2018	2019	2020上半年
营业总收入（亿元）	2742	2748	2909	2905	1504
净利润（亿元）	1.54	4.26	40.8	49.8	33.4
营业总收入同比增长（%）	-1.03	0.22	5.86	-0.14	×
净利润同比增长（%）	-95.56	176.62	857.75	22.06	×

与混改前一年即2016年相比，随后三年半时间，中国联通的营业总收入虽然基本保持稳定，但净利润同比增幅非常大。2017年至2019年这三年，净利润分别为4.26亿元、40.8亿元和49.8亿元，净利润的同比增长幅度分别达到了176.62%、857.75%和22.06%。从2020年上半年的数据来看，这一良好的趋势仍在继续。很明显，中国联通混合所有制改革成效显著。

实践证明，混合所有制改革确实为非国有资本进入垄断行业提供了便捷途径，同时大大提升了国有企业的内部效率，有利于国有资本的保值增值，有利于做强做优做大国有资本。

---

① 表中的数据源自中国联通（600050）公布的财务数据。

(三)垄断行业供给能力有了大幅提高[①]

垄断行业的管制改革有效调动了各类市场主体参与相关行业生产经营的积极性,促进了垄断行业供给能力的大幅度提升和行业的快速发展。如表4-4所示,改革开放以来,我国电力、民航、铁路、电信、石油石化等典型垄断行业的供给能力不断提高。如,我国电力行业的发电量,1978年为2566亿千瓦时,2016年达到了61425亿千瓦时,不到40年的时间,增长了22.94倍;民航业旅客周转量,1978年为27.91亿人公里,2016年增加到8378.13亿人公里,增长了近300倍;电信业电话普及率(含移动电话),1978年为0.38部/百人,2016年增加到110.55部/百人,增长了近290

表4-4 1978—2016年典型垄断行业供给能力变动情况

行业	主要指标(单位)	1978年	2016年	增长倍数
电力	全口径发电装机容量(万千瓦)	5712	164575	27.81
	发电量(亿千瓦时)	2566	61425	22.94
民航	旅客周转量(亿人公里)	27.91	8378.13	299.18
	货物周转量(亿吨公里)	430	4195.87	8.76
铁路	旅客周转量(亿人公里)	1093.22	12579.29	10.51
	货物周转量(亿吨公里)	5345.19	23792.26	3.45
电信	电话(含移动电话)普及率(部/百人)	0.38	110.55	289.92
	互联网普及率(%)	4.6	53.2	10.57
石油石化	成品油产量(亿吨)	0.6左右	3.48	4.8

注:表中成品油产量1978年的数据是依据国家石油网(https://oil.in-en.com/)中披露的原油产量数据估算而成的,2016年成品油产量数据直接来源于国家石油网;表中的其他数据均来源于杨娟、郭琎发表于《宏观经济管理》(2019年第5期)的论文《我国垄断行业改革进展与深化思路》(第39页)。

[①] 杨娟,郭琎. 我国垄断行业改革进展与深化思路[J]. 宏观经济管理,2019(5):39-40.

倍;石油石化行业的成品油产量,1978年只有0.6亿吨左右,2016年则增加到3.48亿吨(这里面没有包括进口的成品油),增长4.8倍。

这些数据足以说明,经过40多年的改革开放,我国垄断行业产品和服务的供给能力有了大幅度的提高,为满足人民群众日益增长的物质与文化生活的需要做出了重要贡献。这些成就的获得与垄断行业的改革有着直接关系。

三、当前我国垄断行业存在的主要问题

改革开放以来,我国垄断行业改革取得的成就是显著的。但是,毋庸讳言,到目前为止,我国垄断行业仍存在许多问题,这些问题的存在既影响了我国社会经济的持续发展,也在一定程度上损害了我国社会主义市场经济发展的公平竞争环境。

当前我国垄断行业存在的问题主要有以下几个方面。

(一)行政垄断与所有制垄断的高度结合在一定程度上损害了公平竞争环境

目前,铁路、电力、电信、石油石化、烟草等受政府强管制的垄断行业内的垄断企业仍然都是国有企业,形成了行政垄断(源自政府管制)与所有制垄断(国有垄断)的高度结合。在社会主义市场经济条件下,这种"双重垄断"的行业竞争状况在一定程度上损害了公平竞争的市场环境。对于非国有经济主体而言,这种"双重垄断"是一种无法突破的进入壁垒,这意味着它们进入这些行业的可能性非常小。显然,这种制度安排对于非国有经济主体而言,是非常不公平的。这也是近年来,党和政府将混合所有制改革作为垄断行业国有企业改革的一个重要方向的原因之所在,党和政府旨在通过推进国企混合所有制改革来为非国有投资主体进入这些垄断行业提供机会。

(二)垄断企业内部效率普遍比较低下

垄断行业内的垄断企业主要是国有企业。到目前为止,这些垄断国有企业的内部效率相比20世纪90年代之前有了很大的改善,但垄断国企的效率低下问题仍是当前垄断行业存在的最突出的问题之一。

我们统计了2018年国有电力上市公司(指国有资本控股的上市公司)与民营电力上市公司的财务数据。对比分析发现,无论是央企下属的电力上市公司还是地方国资委下属的电力上市公司,其总资产收益率都较低,分别为3.30%和7.57%,远低于民营电力上市公司的总资产收益率的12.20%。同时,央企下属的电力上市公司与地方国资委下属的电力上市公司的总资产负债率则分别为66%和58.61%,而民营电力上市公司的总资产负债率为34.44%,具体情况见表4-5。

表4-5 2018年国有电力上市公司与民营电力上市公司财务能力对比①

上市公司分类	总资产收益率	资产负债率
央企下属的电力上市公司	3.30%	66.00%
地方国资委下属的电力上市公司	7.57%	58.61%
民营电力上市公司	12.20%	34.44%

从这两个指标的对比中我们可以看出,电力行业国有上市公司相比于民营电力上市公司,其不仅经营能力较差,企业经营的风险也较高,经济效益远低于民营电力上市公司。

电力行业的国有企业与民营企业的经营状况的落差在我国大多数垄断行业都普遍存在。虽然,我国有些垄断国企每年盈利额非常巨大,但这不能说明其内部效率高。有些垄断国企巨额的盈利可能与其企业规模有关,如果从投入产出角度看,其经营效益可能并不高。另外,我国国有企业的

---

① 表中数据是根据2018年上市公司财务数据计算而得出的。

盈利主要来源于少数垄断领域的极少数大企业,而绝大多数的国有企业包括垄断行业的一些中小国有企业则或者亏损,或者盈利非常少。2010年,中国国际经济关系学会常务理事、著名经济学家谭雅玲就指出,我国128家央企①中,盈利总额的80%以上就来自中石油、中石化、中海油、中联通、中移动、中电信等不到10家垄断企业。绝大多数国有企业要么经营困难,要么产能过剩,要么因为政策因素每年面临大面积的政策性亏损局面。②

(三) 垄断企业内部腐败问题仍然比较严重

一直以来,我国国有企业高层管理人员腐败现象在垄断行业尤为常见。虽然自2013年以来,在习总书记的领导下,我们党和政府加大了反腐败的力度,国企腐败现象得到了一定程度的遏制,但腐败问题在国有企业内部仍比较严重,特别是在金融、铁路、电信、电力等垄断行业,其腐败问题仍令人触目惊心。

近年来,中国移动出现了多起腐败案。2009年12月中国移动原党组书记张××被查,随后陆续有中国移动无线音乐基地原总经理李××、中国移动四川移动原总经理李×、中国移动原副总裁鲁××等10多名公司高管因贪污腐败被组织调查。③ 另据《法制晚报》不完全统计,十八大以来,中国移动共有14名省级公司高管被查、受审、获刑。④ 这些高管全"失足"于贪污受贿等经济方面的腐败问题。

2013—2014年中石油腐败窝案令国人心惊。在短短一年多时间里,中石油总会计师温××、中石油党组成员纪检组长王××、中石油旗下运营商昆仑天然气利用公司总经理陶××、中石油副总经理兼大庆油田有限责

---

① 2010年,国资委下属的中央企业有128家。这128家央企绝大部分都分属于电力、电信、煤炭、航运、民航、石油石化等垄断行业。经过合并重组,到2019年底,国资委下属的中央企业数量下降到96家。
② http://news.hexun.com/2010-03-13/122969265.html.
③ 资料来源于2014年3月24日的中国共产党新闻网新闻报道。
④ https://business.sohu.com/20160120/n435219202.shtml.

任公司总经理王××、中石油副总经理李××、中石油副总裁兼长庆油田分公司总经理冉××、中石油总地质师兼勘探开发研究院院长王××等先后因腐败问题而受到组织调查。

2018年4月，中国华融资产管理股份有限公司原党委书记、董事长赖××因腐败问题而接受组织调查。赖××在北京某小区有一套藏匿赃款房屋，里面有多个保险柜，存放的现金达2亿多元。① 难怪反腐专题片《国家监察》第二集《全面监督》将介绍赖××案报道标题定为：《家藏现金2亿多元，华融成了他的"家天下"》。

《中国纪检监察报》刊发的一篇文章认为，"石油、电力等权力集中、资金密集、资源富集型企业最易滋生硕鼠"，② 该文所说的这些领域都属于本书所说的垄断性行业。

由于兼具经济性和社会性，我国垄断领域的国有企业既承担着一部分企业职责，也承担着一部分政府职责，因此，企业的高层领导人也同样具有企业领导人与政府官员双重身份。长期以来，各级政府部门都直接向所管辖的国有企业（包括国有独资公司和国资控股公司）派遣董事长、董事，甚至直接委任总经理、副总经理，使得企业内部权责关系模糊不清，这也与现代企业制度的基本要求相背离。这种权责关系的失衡为国企高管权力寻租创造了条件。

此外，公司治理的不完善也是导致高管腐败问题频发的重要诱因。尽管我国大部分自然垄断行业已经完成了产权和治理结构改革，然而，国有企业管理体制不健全、行政监管缺失等问题仍然存在。我国垄断行业的国有企业管理人员的权力不仅高度集中，而且缺少有力的约束机制。权力监管环节的薄弱，使高层管理人员行使权力时受到的限制较少，因而更容易诱发腐败问题。

---

① http://finance.sina.com.cn/money/bank/bank _ hydt/2020-01-13/doc-iihnzahk3897080.shtml。

② http://fanfu.people.com.cn/n/2015/0518/c64371-27015478.html。

第五章 基于政府管制视角的垄断行业改革的理论基础与总体取向

一、"社会主义基本经济制度"的理论创新为垄断行业改革提供了理论基础

党的十九届四中全会通过了《中共中央关于坚持和完善中国特色社会主义制度、推进国家治理体系和治理能力现代化若干重大问题的决定》(以下简称《决定》),《决定》认为:"公有制为主体、多种所有制经济共同发展,按劳分配为主体、多种分配方式并存,社会主义市场经济体制等社会主义基本经济制度,既体现了社会主义制度优越性,又同我国社会主义初级阶段社会生产力发展水平相适应。"从这句话中可以看出,我党已重新诠释了社会主义基本经济制度的内涵,即社会主义基本经济制度应包括三个方面的涵义:在所有制上,基本经济制度是指以公有制为主体、多种所有制经济共同发展;在分配制度上,基本经济制度是指以按劳分配为主体、多种分配方式并存;在经济体制上,基本经济制度是指社会主义市场经济体制。① 这一论述既是对社会主义基本经济制度内涵理解的重大突破和重大创新,同时也是中国特色社会主义政治经济学的一个重大理论创新,这

---

① 戚聿东. 深刻理解社会主义基本经济制度的新内涵[J]. 人民论坛, 2019 (11): 44.

一、"社会主义基本经济制度"的理论创新为垄断行业改革提供了理论基础

一理论创新源自中国共产党领导下的社会主义市场经济体制改革的实践。未来,这一创新性理论也将成为完善中国特色社会主义制度的一个重要理论基石,它突出了这三个经济制度在中国特色社会主义理论体系中的重要地位。这一理论创新也为垄断行业的管制改革提供了理论指导。

(一)加快完善社会主义市场经济体制要求对垄断行业实施进一步的放松管制改革

笔者认为,党的十九届四中全会通过的《决定》将社会主义市场经济体制纳入社会主义基本经济制度的范围,① 是对我国40多年改革开放经验的一个精辟总结。40多年漫长的改革开放历程,实际上是传统的计划经济体制向社会主义市场经济体制转轨的艰难过程。我们党和政府以及我们每一个人都清楚地认识到,是社会主义市场经济体制给我们带来了国家的富强、民族的复兴以及人民生活水平的大幅度提高。在中国即将迈入社会主义新时代的关键时刻,将社会主义市场经济体制这一为中华民族的振兴立下赫赫功勋的经济制度纳入社会主义基本经济制度的范围,既是对我国40多年改革开放经验的精辟总结,又是为开创我国未来更辉煌的新时代、推进更深入的经济体制改革奠定了一个理论基调。

我们认为,在未来相当长的时期内,坚持社会主义市场经济改革方向,完善社会主义市场经济体制,就必须继续走市场化改革的道路。经过40多年的市场化改革,到今天,我们国家绝大多数领域的市场化程度已相当高了。当前存在的市场化程度较低的领域就是本书所提及的这些垄断领域,这些领域也是推进市场化改革最为困难的领域,是"难啃的骨头"。未来较长时期内,要想进一步推进市场改革,就要啃这"难啃的骨头"。如何啃呢?我们认为,关键在于要进一步打破行业垄断壁垒,放松进入管制,

---

① 按照马克思主义政治经济学原理,基本经济制度指的就是生产资料所有制。十九届四中全会之前,理论界关于社会主义基本经济制度的提法是:我国社会主义初级阶段基本经济制度是以公有制为主体,多种所有制经济共同发展。十九届四中全会通过的《决定》结合中国新时代的国情,重新阐释了社会主义基本经济制度的内涵。

努力促进市场价格机制在这些行业发挥越来越大的作用。

社会主义市场经济体制一方面要求市场机制在资源配置中起决定性作用，另一方面要求市场竞争主体要共享一个公平竞争环境。我们认为，完善社会主义市场经济体制要求我国要进一步打破垄断行业的行政垄断壁垒，实施放松管制改革，让更多的非国有投资主体进入垄断行业，让多种所有制的投资主体在垄断行业公平竞争，这样既能更好地发挥市场机制的资源配置作用，提高行业内部效率，又能为社会营造出一个更加公平的竞争环境。

（二）"公有制为主体，多种所有制经济共同发展"要求垄断行业管制改革既要"放"又要把握一个"度"

"公有制为主体、多种所有制经济共同发展"这是党的十九届四中全会确定的我国在所有制方面的基本经济制度。这一基本的经济制度一方面要求我们要对垄断行业实施放松进入管制改革，在垄断行业领域引入非国有资本与国有资本公平竞争，实现多种所有制经济的共同发展；另一方面也要求我们在放松管制的同时，要把握好一个"度"，不能放任公有制主体地位的丢失。

根据中国特色社会主义政治经济学原理，"公有制的主体地位主要体现在：公有资产在社会总资产中占优势；国有经济主要控制关系国民经济命脉的重要行业和关键领域，对经济发展起主导作用"。① 本书所研究的垄断行业基本上都属于"关系国民经济命脉的重要行业和关键领域"（基于社会目标的经济性管制产业中的部分行业如烟草、盐业、新闻出版等除外），因此，我们在对这些垄断行业实施放松管制改革的同时，要兼顾国家战略，不能放任国有资本对这些领域的主导作用的丢失。

垄断行业放松管制的一个重要途径就是国有企业的混合所有制改革。根据上述要求，尤其是针对电网电力、石油石化、电信、煤炭、民航、航

---

① 《马克思主义政治经济学概论》编写组. 马克思主义政治经济学概论[M]. 人民出版社、高等教育出版社，2017：281.

运等关系国家安全和国民经济命脉的重要行业和关键领域的国有企业的混合所有制改革一定要控制一个"度",即在混改的同时,国有资本对这些领域的龙头企业的控制权不能丢失。

二、我国垄断行业政府管制改革的总体取向

从前文的分析中可以看出,我国垄断行业基本上都属政府经济性管制行业。因此,我国垄断行业改革实质上就是政府管制改革。本书将从政府管制的视角来全面研究我国垄断行业的管制改革。

(一)分类改革

本书第二章已论述过,我国的垄断行业就是经济性管制行业,包括自然垄断产业、严重信息不对称且其运行存在很强外部性的产业以及基于社会目标的经济性管制产业等三种类型。

这三种类型的经济性管制行业在行业内部特征、当前的垄断程度以及行业内部存在的问题等方面都存在较大的差异。因此,针对这三种行业所实施的管制改革策略也应该有所差别。另外,2015年出台的《中共中央、国务院关于深化国有企业改革的指导意见》确立了国有企业改革的分类改革原则,强调要"通过界定功能、划分类别,实行分类改革、分类发展、分类监管、分类定责、分类考核,提高改革的针对性、监管的有效性、考核评价的科学性,推动国有企业同市场经济深入融合,促进国有企业经济效益和社会效益有机统一"。由于我国垄断行业与国有企业存在着密切关系,因此,《中共中央、国务院关于深化国有企业改革的指导意见》确立的国有企业分类改革原则同样适用于垄断行业的管制改革。

为此,我们认为,我国垄断行业的管制改革也应该实行分类改革。针对自然垄断产业、严重信息不对称且其运行存在很强外部性的产业以及基于社会目标的经济性管制产业等三种垄断行业,在制定管制政策时,应该在借鉴国外管制实践经验的基础上,根据它们的不同特点与实际存在的管

制问题实行不同的管制模式与途径。

针对每一种类型垄断行业改革的具体思路,本书将在随后的几章中分别详细论述。

(二)放松管制与激励性管制相结合

从第三章的介绍中,我们知道,当今世界政府管制改革的方向就是放松管制与实施激励性管制相结合。我国垄断行业的性质决定了其改革实质上就是政府管制改革,因此,我国的垄断行业改革也必须跟上当今世界政府管制改革的潮流,将放松管制与实施激励性管制作为垄断行业管制改革的基本取向。

1. 全方位实施放松管制改革

放松管制是我国垄断行业改革的总体方向。[①] 改革开放40多年来,以国有企业改革为核心的垄断行业的改革不断在推进,实施的很多措施都属于放松管制措施,如为垄断行业引入新的竞争主体、允许非国有资本进入垄断领域、放松甚至解除自然垄断行业的进入管制与价格管制。例如电力行业,我国在20世纪90年代初就放开了发电环节(发电侧)的市场准入;近年来,又在推进售电侧环节放松管制。又如,我国政府主动为电信行业引入新的竞争主体,先是引入中国联通,后来又引入中国铁通、中国网通、中国卫通,使得电信领域由过去近乎完全垄断的市场结构转变为竞争相对较激烈的寡头垄断的市场结构。

但是,到目前为止,我国垄断行业仍普遍存在因长期实施的传统的强管制,而导致出现两个方面的严重问题:一是垄断行业内部效率低下,行业长远发展受到限制;二是在当前的社会主义市场经济体制下,强管制也严重损害了社会公平。因此,我们认为,放松管制、引入竞争是未来我国

[①] 戚聿东,李峰. 垄断行业放松规制的进程测度及其驱动因素分解[J]. 管理世界,2016(10):84.

垄断行业改革的首要方向。

放松管制意味着放宽或取消原有的管制制度。自20世纪70年代以来，由于技术的进步、可竞争市场理论的创新以及经济全球化趋势的进一步加强，许多发达国家甚至包括一些发展中国家都掀起了一场大规模的放松管制运动。美、英等国的民航、电力、电信、邮政、铁路等主要自然垄断行业纷纷放开进入、价格等方面的管制，引入市场竞争，促使企业效率提高、价格降低、收益大大增加，行业发展成效卓越，放松管制的正效应明显。

因此，顺应世界放松管制的潮流，我国垄断行业的改革首先就要取消或减少一些经济性管制的措施，在这些垄断行业引入竞争机制，提高相关产业内部的效率，并给那些不能进入垄断行业的"外部企业"特别是民营企业进入垄断行业提供机会，以践行社会主义市场经济的公平价值观。

在放松管制改革的过程中，应该与国有企业混合所有制改革相结合，突破"所有制垄断"障碍，允许更多非国有资本进入垄断行业。具体措施方面，我们可以借鉴过去探索出来的混合所有制改革经验，利用多种形式如股份制改造、集团资产整体上市、员工持股、PPP模式等，为垄断行业引入社会资本，激发垄断行业效率的提升，实现社会公平。

2. 在放松管制的同时，要兼顾国家战略需要

根据国资委2006年的部署，国有经济要对关系国家安全和国民经济命脉的重要行业和关键领域保持绝对控制力，包括电网电力、石油石化、电信、煤炭、民航、航运等七大行业。

长期以来，党和政府一直将这七大行业视为"关系国家安全和国民经济命脉的重要行业和关键领域"，并一直强调要强化国有资本在这七大行业中的控制地位。2015年，党和政府出台的《中共中央、国务院关于深化国有企业改革的指导意见》明确指出："主业处于关系国家安全、国民经济命脉的重要行业和关键领域、主要承担重大专项任务的商业类国有企业，要保持国有资本控股地位，支持非国有资本参股。"2019年10月31日，国

资委印发的《中央企业混合所有制改革操作指引》又一次明确指出:"探索主业处于重要行业和关键领域的商业类国有企业混合所有制改革,保持国有资本控股地位,支持非公有资本参股。"

电网电力、石油石化、电信、煤炭、民航、航运这七大行业中,电网电力、电信、民航、航运这四大行业属于经济性管制产业类中的自然垄断产业,而石油石化为非常典型的纯行政垄断产业,也就是经济性管制产业类中的基于社会目标的经济性管制产业。另外,对于七大行业中煤炭行业,实际上有很多学者将其也归入政府经济性管制产业。我们也认为,煤炭行业可归入基于社会目标的经济性管制产业,因为,政府对煤炭行业的管制出发点应该是安全目标,即煤矿生产安全和国家能源安全,同时还包含合理利用国有资源的目标。正是基于这些目标,国家对煤炭行业实施了较强的进入管制,在一定程度上,其具备了经济性管制行业的特征。

因此,针对"关系国家安全和国民经济命脉的重要行业和关键领域"的七大行业的放松管制改革,要与一般自然垄断产业与一般的基于社会目标的经济性管制产业的放松管制改革有所区别,在"放"的同时,要兼顾国家战略需要,不能"放任"到国有资本控制地位的丢失。

3. 实施激励性管制

垄断行业放松管制改革并不意味着垄断行业就不需要政府管制,而只是放松或解除这些行业中部分非自然垄断业务的政府管制。从理论角度来讲自然垄断领域、严重信息不对称产业等领域政府管制是必不可少的。但是,我们也知道,政府管制也有可能会出现"管制失灵"。我国垄断行业过去存在的问题或多或少也跟"管制失灵"有一定的关系。因此,我们认为,在经济性管制领域,在政府管制不可或缺的情况下,就必须从优化政府管制的角度来下功夫,而最有效的途径就是实施激励性管制政策。

实施激励性管制政策旨在通过设计合理的制度来克服传统政府规制所存在的缺陷,给予被规制企业提高内部效率的激励,从而减少规制成本,提高企业资源配置效率。2014 年诺贝尔经济学奖获得者、法国图卢兹学派的代表人物梯若尔就特别强调激励在规制政策设计中的重要性,并基于委托—代理框架寻找最优激励性规制的结构。①

激励性规制主要有如下形式:特许投标制度、区域竞争(或称标杆竞争)制度、价格上限规制、社会契约制度等。

我们认为,未来我国垄断行业的管制改革也要在管制制度设计方面下功夫,使得政府制定的管制政策有利于刺激被管制企业(垄断企业)提高内部管理效率,同时也有利于降低政府管制的成本,减少管制腐败的发生。

(三)强化社会性管制

这里所说的强化社会性管制主要针对本书所定义的基于社会目标的经济性管制产业,即石油石化、烟草、盐业、广播电视等垄断行业。对于这类垄断行业,我国政府对其实施较强的政府管制,理论上讲,对这些产业实施高强度的政府管制的目标应该是社会性目标,即健康、安全与环保(在美国被称之为 HSE)三大社会性管制目标,但政府对这些行业实际实施的管制除了社会性管制内容(如烟草业的控烟措施、广播电视行业对传播内容的严格审查等)外,还包括进入管制、价格管制、产品质量管制、投资管制等众多的经济性管制内容。显然,从管制内容角度看,基于社会目标的经济性管制产业的现行管制应该属于纵向管制(即经济性管制)和横向管制(即社会性管制)的结合。

从理论角度看,经济性管制领域一般适用于自然垄断产业和严重信息不对称且其外部性非常强的金融业。显然,石油石化、烟草、盐业等行业不属于经济性管制适用领域。也就是说,我国当前针对这些行业实施全方位的经济性管制理由是不充分的。另外,从实践角度看,我国政府对这些产业实施管制的初衷是要实现相应的社会性目标,如限制烟草的消费,强制食盐的含碘量,以保护民众的健康;控制舆论导向,保证价值观的正确

---

① 张帆,罗雪凡. 垄断行业激励性规制改革研究新进展[J]. 江汉论坛,2017(10):17.

导向;确保国有资本控制石油石化产业,以保证国家经济安全等。但是,在笔者看来,要达到这些目标,对这些行业中的绝大多数行业只要实施有效的社会性管制就可以,大可不必实施这么复杂的经济性管制。实施这些严格的经济性管制政策是否有利于实现相关产业的社会性管制目标呢?从烟草业的情况来看,我们认为,这些经济性管制措施对"限制烟草的消费,保护消费者的健康"的管制目标基本上没有帮助。① 相反,这些纵向管制措施却带来了一个负面效应,就是严重损害了"社会公平"这一社会主义核心价值观。因为,这些产业存在非常强的进入管制,非国有资本无法进入这些产业,对于非国有投资主体而言,这显然是不公平的。

因此,针对这类垄断行业的特点与管制现状,我们认为,我国政府应调整这类行业的管制内容,逐渐解除这些行业存在的全方位的纵向管制(经济性管制),保留只针对某种共同行为(如环境污染行为、损害消费者健康的行为等)而实施的横向管制(社会性管制),也就是说,基于社会目标的经济性管制产业的政府管制改革的主要方向应该是逐渐解除经济性管制,保留并强化社会性管制。

过去政府针对基于社会目标的经济性管制产业所实施的强化经济性管制、弱化社会性管制的做法是一种本末倒置的行为。像烟草业,根本不需要价格管制、烟草专卖以及烟草制品的垄断生产,这些管制措施都没有存在的必要性,它们的存在只能带来高额的垄断利润,只能造成严重的社会不公平,而对限制烟草消费、保护民众健康是没有多大帮助的。相反,该行业的社会性管制却长期被弱化。如,国外行之有效的类似于强制烟草制品生产企业在烟盒上印上因吸烟而导致的可怕后果图片的相关措施在我国一直得不到应用,这是社会性管制实质上被弱化的一个很好的例证。

这方面的具体改革设想,将在第八章作详细的论述。

---

① 本书第八章将会详细分析这一问题。

第六章 自然垄断产业的管制改革
——以电力产业为例

一、自然垄断行业的特征与管制改革的取向

(一)自然垄断行业的特征

1. 成本劣加性

自然垄断的特性是由成本劣加性来决定的,而成本劣加性既包括规模经济,又包括范围经济。成本劣加性是由鲍莫尔(Baumol)、潘扎(Panzar)和威利格(Willig)于1982年提出用于描述自然垄断的概念,指由一个主体提供整个产业的产量的成本小于由多个主体分别生产的成本之和。如果在某行业中一家企业生产所有各种产品的成本小于若干个企业分别生产这些产品的成本之和,则该行业具有成本劣加性,该行业属于自然垄断行业。自然垄断行业成本的劣加性在一定程度上决定了其在市场结构上的独家垄断,表现在两个方面:一是一种产品的独家垄断,可用规模经济来进行解释。规模经济指随着产量的增加,长期平均总成本不断下降。自然垄断行业如电力、铁路、自来水等产业网络及相关设备的巨额投资使得该行业存在规模经济。在自然垄断行业,网络及相关设备的固定投资巨大,可变成

本在总成本中占比较小,这样一来,随着产量的增加,平均成本不断下降,成本函数符合劣加性的要求。这也就意味着,由一个大企业垄断经营的成本要低于由多家小企业小规模共同供应产品的成本之和。二是多种产品的独家垄断,可用范围经济来解释。在多种产品条件下,范围经济决定自然垄断。范围经济指一家企业同时提供多种产品或服务的成本低于多家企业单独分别提供的成本。此时,对于提供多种产品或服务的企业的每一种产品而言,可能存在规模经济,也可能不存在规模经济,但只要存在范围经济,就说明由一家企业来独自经营的效率更高。

2. 较强的网络效应属性

电信、电力、自来水等自然垄断产业是网络型产业,即其在提供产品和服务时,一般需要构建从生产设备到用户所需要的完整统一的网络。自然垄断产业的这种传输网络具有较强的网络效应,网络效应指消费者消费某些产品或服务所得到的效用会随着该产品或服务网络覆盖范围的扩展而发生变化。在现实中,负的网络效应较少出现,因此这里所提到的网络效应指正的网络效应。这种网络效应有直接网络效应和间接网络效应两种表现形式:直接网络效应是指随着消费一种产品的用户数量的增加,网络本身的价值不断增大,从而直接增加了该产品消费者的效用;间接网络效应指随着网络的扩展,厂商会提供更多的互补性产品,产品的价格也会更低。

3. 部分业务具有可竞争性

现代经济学认为,并非自然垄断行业的所有业务都具有自然垄断性,在自然垄断产业的产业链上,既有自然垄断业务,也存在着非自然垄断业务。一般来说,自然垄断业务是指那些固定网络性操作业务,如电力、煤气供应等产业中的线路管道等输送网络业务,铁路运输中的铁轨网络业务和电信产业中的有线通信网络业务。[1] 而电力产业中的发电和售电业务,

---

[1] 门建辉. 自然垄断行业放松管制:经验与借鉴[J]. 中国经济问题, 1999(2): 45-49.

铁路运输业的客运、铁路物资运输业务以及电信产业中的长途电话、移动通信和电话增值服务业务等都是非自然垄断业务,具有一定的可竞争性。

4. 资产沉淀性或专用性

自然垄断行业在建设基础传输网络、基础设施和设备方面要投入巨额一次性投资,其固定成本占总成本的比重非常高,而且这些固定资产投资只能用于特定行业的产品或服务,资产一旦沉淀,很难转为他用,专用性非常强。自然垄断产业较强的资产沉淀性或专用性意味着其固定资产投资的风险和代价很高,这也就使得自然垄断行业形成较高的市场进入壁垒。

5. 公益性

自然垄断行业主要是为整个社会和人民群众提供公共产品和公共服务的行业,自然垄断产业属于基础设施产业,对整个国民经济发展和人民生活都十分重要,具有较强的公益性,一般由政府来建设和提供。其所提供的产品或服务是否安全、价格是否合理直接关系到国民经济的发展和人民生活的质量。因此,各国政府对于自然垄断行业一般都给予高度的重视。

(二) 自然垄断行业的管制改革总体取向

1. 放松管制与实施激励性管制相结合

目前在自然垄断行业往往存在不公平竞争、信息不对称、效率低下、超额利润以及政企不分等问题。对于自然垄断行业,必须坚持放松管制的基本改革取向。放松管制并不意味着解除管制,而是要在科学界定自然垄断产业边界的前提下,根据不同业务的性质和自然垄断程度对自然垄断行业的各个环节分类实行不同程度的放松管制。

(1) 放开非自然垄断业务

非自然垄断业务是指固定网络设施的运营业务,属于自然垄断行业的从属业务,不具备成本劣加性的特征,理论上可以实行竞争性经营,因而也被称作竞争性业务。如表 6-1 所示,铁路行业里铁路运输设备的生产与维护、客货运输服务;电力行业的发电与售电业务等都应该属于非自然垄断业务,这些业务完全可以放开进入管制,允许竞争性经营,以提高该领域的经营效率。

表 6-1　典型自然垄断行业的自然垄断业务与非自然垄断业务

行业名称	自然垄断业务	非自然垄断业务
铁路	铁轨网络、信号基础设施	铁路运输设备的生产与维护、客货运输服务等
电力	高压输电网络、区域低压配电网络	发电业务、售电业务
电信	无线通信网络、固定电话网络	移动电话、长途电话、电信增值服务等
航空	机场、空中交通管制网络	航空运输服务、航空保障服务、航空维修服务、飞行员培训等

近些年来,我国政府已在电力、电信等行业启动了非自然垄断业务的放松管制改革。如电力行业的发电业务在 2000 年左右就开始放开,而从 2015 年开始,国家又开始启动售电侧的放松管制改革。

(2) 适度放松自然垄断业务的政府管制

自然垄断业务由于存在成本的劣加性,因此,管制是必须的。但这不等于自然垄断业务就不能适当放松管制,特别是在中国当前的国情下,自然垄断行业仍由国有企业来垄断经营,因而,即使是自然垄断业务也存在放松管制的空间。

我们认为,对自然垄断业务适度放松管制,首先可以采用适度引入民营资本进入的方式来实现。在保证国有资本在自然垄断业务环节的控制力

一、自然垄断行业的特征与管制改革的取向

的基础上，通过引入民营资本入股国资、员工持股等形式，来改变过去的"所有制垄断"状况，以提高国有企业的内部效率，实现做强做优做大国有资本的目的；对自然垄断业务适度放松管制还可以通过引入新的国有投资主体的方式，来增强该业务环节的竞争程度。如2019年6月，工信部正式颁发了5G商用牌照，除了中国移动、中国电信、中国联通这传统三大运营商"如愿"得到5G牌照外，中国广电也"很意外"地获颁了5G牌照。中国广电的加入打破了长期以来电信业三足鼎立的局面，进一步提升了通信业的竞争程度。在电信业引入新的国有投资主体中国广电，这实际上也是一种放松管制的措施。

（3）实施激励性管制

对于自然垄断产业在实施放松管制的同时，还应在保证企业财务平衡的基础上引入激励性管制政策，以提高企业的内部效率。放松管制可以提高自然垄断行业的竞争程度，促使行业内各公司提高效率，但同时也会带来垄断产品价格下降、产量减少等的经营损失。较为有效的解决办法就是在实施放松管制的同时，积极采用激励性管制，这也是世界各国的普遍做法。

自然垄断行业传统的管制方式是一种服务成本管制方式，体现为成本的累加。这种成本加成机制在吸引资本投资于基础设施建设方面是非常有效的，但却存在许多不容忽视的问题：使被管制企业缺乏降低成本、提高效率的动力；缺乏形成有效价格结构的激励机制；对规制机构信息收集的要求高，使得管制成本较高等。[1] 随着社会经济的发展，在自然垄断行业政府管制的变革中，激励性管制在西方国家逐渐成为主流的管制模式。激励性管制是一种既能有效实现对企业内部效率的激励，又能提高资源配置效率的管制模式，可有效解决管制者与被管制者之间存在的信息不对称问题，其实质是给予企业一定的自由裁量权，从而激励企业为追求更多的利

---

[1] 李峰.自然垄断中的规制与有效竞争[D]．复旦大学，2005.

润而降低成本、提高产品与服务的质量。[①]

从国际经验来看，价格上限管制、特许投标、区域间竞争管制等激励性管制的实行对于促进自然垄断行业资源优化配置及合理定价机制的形成具有积极意义，但不同的激励性管制政策均有不同的适应性，要根据各产业的不同特点以及产业内各环节的不同性质，因地制宜地探索实施合适的激励性管制政策。比如，价格上限管制可激励企业提高效率、降低成本从而获得更多收益，还可减少管制者对企业详细运营信息的需要，从而降低管制成本以及信息不对称对管制效果造成的影响，但若价格上限管制只着眼于单纯的价格控制，管制者仍面临信息不对称带来的影响，确定合理的基本价格仍要以成本为基础，依然对企业详尽的成本信息有需求，从这一层面来看，确定基本价格使价格上限管制又成为一种成本加成;[②] 区域间比较竞争管制为管制机构提供了被管制企业的真实成本信息，能够在较大程度上解决信息不对称问题，但区域间比较竞争管制更适用于经营环境相似、绩效水平相近的企业，当同类企业间经营水平差异很大时，区域间比较竞争管制对不同企业的管制效果差别很大，其激励作用往往大打折扣。

2. 与国有企业的混合所有制改革相结合

自然垄断行业的管制改革可与国有企业的混合所有制改革相结合。国有企业的混合所有制改革的最终目的就是要通过鼓励更多的国有资本与其他的所有制资本相互融合、交叉持股，在保证国有资本不流失的前提下，在一定程度上盘活企业的资本存量，提高国有企业的活力和竞争力。[③] 自然垄断产业属于关系到国计民生的基础性产业，一般由政府投资建设，大

[①] 刘华涛. 论政府激励性管制过程[J], 行政论坛, 2012, 19(4): 32-35.
[②] 张宗益, 杨世兴, 李豫湘. 电力产业激励性管制机制[J], 重庆大学学报(自然科学版), 2002(11): 1-4.
[③] 王芸. 经济新常态下国有企业混合所有制改革问题研究[D], 西安理工大学, 2018.

多数企业为国有企业。因而,推进自然垄断行业管制改革的关键也在于推进自然垄断型国有企业的混合所有制改革。新一轮混合所有制改革已经由非垄断行业向垄断行业迈进,已在电信、天然气、电力、铁路、民航等自然垄断行业选择部分企业开展重点领域混合所有制改革试点。接下来应加大力度推进试点企业混合所有制改革,再不断扩大试点范围,逐步放开竞争性业务。另外,还应降低非自然垄断业务的准入门槛,鼓励多种成分的企业进入,打破自然垄断行业纵向一体化的结构,从而在一定程度上开放自然垄断市场,提高社会资源配置效率。例如,当前我国电力产业的发电环节已经实行公私多家经营,竞价上网;输电和配电业务自然垄断性较强,仍处于垄断经营之下。自来水供应产业的改革可参照电力产业的改革,在自来水供应环节实行竞争经营。在铁路运输业中也可在客货运业务引入竞争,实行竞争经营。但是,考虑到自然垄断行业的规模经济、范围经济等行业特征,打破垄断纵向一体化结构必然会造成其规模经济、范围经济的损失,因而要衡量这种损失与促进市场公平竞争所带来的经济效益,找到一个均衡点,根据具体行业的特点和技术水平选择合适的改革方案。

3. 与国家安全战略相结合

如前文第五章第二部分所述,电网电力、石油石化、电信、煤炭、民航、航运等七大行业为"关系国家安全和国民经济命脉的重要行业和关键领域",党和政府一直强调要强化国有资本在这七大行业中的控制地位。国家对通信、电力、石油石化等产业实施非常严格的进入管制,并让国有资本牢牢控制这些产业,目的就是防止这些关系到国家安全、国民经济命脉的重要行业和关键领域被非国有资本尤其是外资所控制。

这七大重要行业中,电网电力、电信、民航、航运四大行业为典型的自然垄断产业。这四大自然垄断产业的放松管制改革要与一般的自然垄断产业的放松管制改革有所区别,在"放"的过程中,要兼顾国家战略需要,不能"放任"到国有资本控制地位的丢失。

非自然垄断业务可以大幅度地放松管制，但对于电网电力、电信、民航、航运这四大行业内原本从事非自然垄断业务的上市公司，在引入非国有资本，进行混合所有制改革时，要保证国有资本的控股地位，但可以不绝对控制。而对于自然垄断业务，如电网业务、电信通信网络业务、机场业务等都应该保持国有资本绝对的控制力，如果要实施放松管制，引入非国有资本的话，应保证国有资本的绝对控股权（即控股权保持在50%以上）。

自然垄断产业数量众多，由于篇幅所限，本书只能选择一个自然垄断产业作为代表，来研究自然垄断产业的政府管制改革。经过慎重考虑，我们认为电力产业是自然垄断行业最典型的代表。而且，到目前为止，我国电力产业中的发电环节早已实施了放松管制改革，售电环节也自2015年开始进行放松管制改革试点，而中间环节即输配电环节特别是输电环节的改革基本停滞不前。电力行业两侧的放松管制改革的经验需要总结，而输配电环节如何进行改革，亟须进行深入研究。因此，本书选择电力产业作为自然垄断产业的代表进行研究。

二、我国电力产业管制改革历程

随着经济社会的发展，我国电力产业管制改革也在不断地予以推进：电力市场由最初完全的计划经济逐渐转变为市场经济，并逐步进入"厂网分开，竞价上网"的市场竞争时期；电力市场体制由最初政企合一，严格的计划经济体制逐步发展为政企分开、自负盈亏的市场化经营体制；电力产品价格管制由最初高度集中的电价管理体制，逐步探索形成各种新的价格机制。

我国电力产业管制改革历程大致可分为以下五个阶段。

（一）计划经济时期的电力产业管制（1949—1978）

在中华人民共和国成立初期至改革开放初期的30年间，我国政府机构改革不断推进,政府部门也时常发生调整,对于中央集权和地方放权的试验也在不断进行,与此相适应,我国电力产业管制机构的设置也经历了三次大变化:由初期的燃料工业部发展到电力工业部,最后又发展为水利电力部。在这一时期,我国实行的是纯粹的计划经济管理体制,政府管制大多与计划经济体制的政府行为相结合。电力产业作为关乎亿万群众生产生活的基础设施产业,其发展由政府统一规划管理,电力产业的发电、输电、配电、售电各个业务环节都完全由政府控制管理,电力企业及发电设备、电网设备等都由政府投资进行建设,产权归政府所有,各个实施项目由政府有关部门批准,电力企业由政府部门直接管制。同时,我国实行高度集中的电价管理体制。在当时,电力产业所有项目都是由政府拨款建设的,实行垂直一体化的管理模式,电力企业丝毫没有定价的权利,政府具有完全的定价权。在这一时期,没有区分上网电价和输配电价,全国实行统一的电价制度,电价分直供和趸售两大类,根据用户用电性质分为照明电价、农业电价、大工业电价、普通工业电价与非工业电价等。

在计划经济时期,电力产业的政府管制职能和国有企业的经营职能是合二为一的,这在很大程度上使得政府和企业职能不明确,导致出现电力产业市场难以开发、资源配置不当等问题,我国电力产业在这一时期发展十分缓慢。

(二)电力产业管制改革探索阶段(1978—1997)

改革开放政策实施后,我国经济发展迅速,对电力的需求也相应地不断增加,然而传统的电力管制使得电力产业发展十分缓慢,难以满足各行业发展以及人民生活对电力应用的需求,电力短缺问题越发严重,成为阻碍经济发展的主要原因。1978年底,我国发电装机容量为5712万千瓦,发电量为2566亿千瓦时,仅仅相当于如今一个省的规模。[①] 1980年全国

---

① 王为民.电力改革:从"计划"到"市场"[J].国家电网,2018(12):50.

电力短缺量为 400 亿千瓦时，到 1986 年又扩大至 700 亿千瓦时，比当年农村地区总用电量还高 120 亿千瓦时。①

为了解决电力短缺的难题，我国从电价政策、进入管制、股权结构和电力行业行政管理四个方面对电力产业管制改革进行了探索。我国政府在稳定总体电价水平的基础上对电力产品价格的管制进行了调整：探索实施了依据发电成本定价、新电新价、综合电价等较为灵活的定价机制，打破了我国电力产业的行政垄断体制；引入了国际上普遍采用的两部制电价，激励用户提高用电负荷率。这一系列电价政策的调整极大提高了发用电效率。1985 年国务院颁布 72 号文，批转国家经济委员会、水利电力部等四部门出台的《关于鼓励集资办电和实行多种电价的暂行规定》的通知，将一直以来实行的国家统一建设电力和统一电价的办法，改为鼓励地方、部门和企业投资建设电厂，并对部分电力实行多种电价的办法，以适应国民经济发展的需要，实行"谁投资、谁用电、谁得利"的政策。②

1987 年 9 月，国务院提出"政企分开、省为实体、联合电网、统一调度、集资办电"和"因地因网制宜"的电力改革方针。国家放松了对电力产业发电市场的资本进入管制，开始实施"集资办电、多家办电"政策，由地方政府逐步进行建设，之后又发展到地方企业和乡镇企业进行集资，吸引社会资本投入电力产业的发展。为解决电力产业投资缺乏问题，政府推行各种优惠政策吸引外部资金开展投资，坚持利用外资办电方针，借助外部资本促进电力产业的发展，打破了政府和国有企业垄断的模式，实现了电力产业多种经营模式。同时政府还提出了"还本付息"等优惠电价政策，此举更有利于集资，充分调动了社会各方办电的积极性，促进社会各界主动投资办电，为推动形成电力产业多家办电的良好格局做出了重

---

① 文华维. 电改激荡 30 年：1987—2017 三轮电改逻辑[J]. 南方能源观察，2018(3)：25.

② 可参见国家经济委员会、水利电力部等四部门出台的《关于鼓励集资办电和实行多种电价的暂行规定》(1985 年 5 月 23 日)。

要贡献。同年,国家出台了《关于多种电价实施办法的通知》,进一步实施多种电价制度,形成指令性电价和指导性发电价,放松了对电价的管理,由中央政府和地方政府共同管理电价。这些对电力产业管制的改革使电力投资者有利可图,从而吸引社会资本向电力行业集聚,有力推动了电力产业的发展。

粗放式的电力定价引发了一些不良的现象:这种"一厂一价"的定价方法对电力项目建设成本、融资成本和运营成本缺乏约束,使得单位成本不断提高;电力建设基金的设立也使得乱加价、乱收费现象层出不穷。1993年,由国家物价局、能源部、国家计委等几个部门共同组成的电价整顿小组针对我国这几年电价混乱现象,向国家提交了《关于深化电价改革的报告》,报告中提出制定统一电价管理办法,全面推行峰谷电价办法,全面试行新电新价制,调整电价水平。同年,电力工业部印发《电力行业股份制企业试点暂行规定》,推动国内电厂企业实行股份制改革,吸引了大量国内外资金,实现了电厂企业股权多元化的改革。至2000年,我国各类电力装机容量已超过3亿千瓦。在这一时期,中央电力管理部门经历了四次变动,即由电力工业部发展为水利电力部,进而又设立能源部,最后第三次成立电力工业部。

(三)电力产业管制改革试点阶段(1997—2002)

进入20世纪90年代后,我国电力市场的供求关系发生了变化,许多地区出现了供给过剩的现象,随着党中央对社会主义市场经济体制改革发展方向的进一步明确,我国电力产业政府管制改革自1997年起也进入了第二阶段。在这一时期,我国电力产业管制改革的基本原则是:政企分开,逐渐引入市场化机制。1998年,第九届全国人民代表大会第一次会议决定撤销电力工业部,原电力工业部的行政职能以及水利部承担的电力工业行政职能划入国家经贸委,由国家经贸委成立电力司负责电力行业的行政管理,各省、自治区、直辖市经贸委负责履行本地区的电力产业监管,国家电力公司开始独立运作,在国家层面初步完成了政企分开的目标。同年,国家电力公司还提出"省为实体""厂网分开、竞价上网"的战略。国家经贸委将浙江、上海、山东、吉林、辽宁和黑龙江六省市作为改革试点,进行"厂网分开、竞价上网"电力体制改革,这一改革举措有利于促进电力企业公平竞争,降低成本,提高效率,实现资源优化配置,进一步实现电网公开、公正、公平调度。经过这一阶段性改革,我国电力产业得到了进一步发展,规范政府职能和加强电力产业市场化改革的问题以及政企合一的弊端等得到了很好的解决,彻底打破了政府与电力企业之间的垂直化管理格局。

在这一时期,我国电力产业价格管制改革也小有突破。1997年,全国实行统一销售电价制度,使全国的地区指令性电价与指导性电价实行并轨,均执行国家下达的目录电价。这一电价制度的实行,使得各地、各企业自建小电厂超过省电网平均收购价的差价款必须自行消化,从而迫使地方和企业自觉地将办电积极性和投资的经济效益结合起来考虑,从而提高了电力建设投资的社会整体效益。

到20世纪90年代中后期,我国平均上网电价已高达每千瓦时0.4元。为缓解电价的节节攀升,1998年,国家出台了"经营期电价"政策,取代了"还本付息"优惠电价政策,以经营期作为核定期限,以同类机组的社会平均成本为成本基础进行成本核算,同时明确了投资收益率水平,将原来的"一厂一价,一机一价"的定价方式逐渐过渡为按平均成本定价。这种定价机制既能在一定程度上激励企业降低成本、提高效率,又能抑制电价水平过快上涨局面。

(四)电力产业管制改革深化阶段(2002—2015)

2002年以来,我国电力产业管制改革进入"厂网分开"全新的发展阶段。2002年2月10日,国务院颁布了《电力体制改革方案》,对国家电力产业实行了横、纵双向分拆的改革模式,确定了改革的总体目标是:"打破垄断,引入竞争,健全电价机制,优化资源配置,促进电力发展,推进全国联网,构建政府监管下的政企分开、公平竞争、开放有序、健康发展的电力市场体系。"①接着国家电力公司于同年12月进行了重组,其发电业务和输电业务被彻底分开。国家电力公司的发电业务被改组承包给五个大型发电企业,分别为华电集团、华能集团、大唐集团、国电集团和国家电力投资集团。另外设立了国家电网公司和南方电网公司两大电网公司,主营输配电业务。这一格局的形成实现了"厂网分开"这一改革目标。另外,2002年12月29日成立了国家电力监管委员会来负责电力市场的监督和管理职责,而电力投资审批权和定价权则由国家发改委负责。这次电力产业管制的深化改革,进一步打破了电力市场的垄断机制,推动了电网企业由多个主体进行参与,极大地推进了电力产业市场化改革的进程。

2003年7月,国务院印发发展改革委会同有关单位出台的《电价改革方案》,指出电价改革的长期目标为:"在进一步改革电力体制的基础上,将电价划分为上网电价、输电价格、配电价格和终端销售电价;发电、售电价格由市场竞争形成;输电、配电价格由政府制定。同时,建立规范、透明的电价管理制度。"②接着,2005年国务院出台了《上网电价管理暂行办法》《输配电价管理暂行办法》《销售电价管理暂行办法》,确定了上网电价和销售电价的竞争机制以及输配电价格的成本决定机制。燃煤机组上网电价形成机制由事后定价改为事前核定标杆电价,随后标杆定价逐渐推广到风电、核电、光伏、生物质发电等领域,投资效率显著提高。这些电价改革措施的推行,有力推进了我国电力产业价格管制改革进程,也促进了电价的健康发展。

至2007年,我国电力产业管制改革已经取得较为显著的成绩,基本实现了政企分开、厂网分开,发电领域已经形成竞争态势,电价管制改革不断加深,并且开始建立区域电力市场,电力监管体制建设也取得了积极进

---

① 可参见国发〔2002〕5号《国务院关于印发电力体制改革方案的通知》(2002年2月10日)。

② 可参见国办发〔2003〕62号《国务院办公厅关于印发电价改革方案的通知》(2003年7月3日)。

展。2007年4月国务院同意电力体制改革工作小组《关于"十一五"深化电力体制改革的实施意见》,确定了"十一五"期间深化电力体制改革的总体思路:巩固厂网分开,逐步推进主辅分离,改进发电调度方式,加快电力市场建设,创造条件稳步实行输配分开试点和深化农村电力体制改革试点,积极培育市场主体,全面推进电价改革,加快政府职能转变。[①] 接下来的几年,我国电力体制改革便按照这一总体思路稳步推进,为建设开放有序、公平有序的电力市场体系而继续努力。

2009年6月,电监会发布《关于完善电力用户与发电企业直接交易试点工作有关问题的通知》,同年11月2日,电监会又发布了《电力用户与发电企业直接交易试点基本规则(试行)》,为直购电试点工作的开展提供制度保障。

2011年9月,中国电力建设集团有限公司、中国能源建设集团有限公司在北京宣告成立。这两家新央企由两大电网公司剥离的辅业与4家电力设计施工央企重组而成:中国电建由中国水利水电建设集团公司、中国水电工程顾问集团公司,与国家电网公司、南方电网公司下属河北、吉林、上海等14家省级公司的电力设计、施工、修造辅业单位重组而成;中国能建由中国葛洲坝集团公司、中国电力工程顾问集团公司,与国家电网公司、南方电网公司下属北京、天津、山西等15个省级公司的辅业单位重组而成。这次改革重组解决了我国从计划经济时期一直延续到现在的电力设计和施工分割的格局,最重要的是完成了我国电网主辅分离改革这一深化电力体制改革的关键环节。

(五)新一轮电力体制改革阶段(2015年至今)

2015年,中共中央、国务院印发《关于进一步深化电力体制改革的若干意见》(电改9号文),确定了"关注中间、放开两头"的体制架构以及在

---

① 可参见国办发〔2007〕19号《国务院办公厅转发电力体制改革工作小组关于"十一五"深化电力体制改革实施意见的通知》(2007年4月6日)。

进一步完善政企分开、厂网分开、主辅分开的基础上实现"三放开、一独立、一深化、三强化"的改革基本路径,①开启了新一轮电力体制改革。此轮改革的重点和路径是,按照"管住中间、放开两头"的体制架构,在进一步完善政企分开、厂网分开、主辅分开的基础上,有序开放输配电以外的竞争性环节电价,有序向社会资本开放配售电业务。同年年底,国家发改委和国家能源局印发6个电力体制改革配套文件,具体给出了关于推进输配电价、售电侧改革、推进电力市场建设、有序放开公益性和调节性以外的发用电计划等的实施意见,随后新一轮电力体制改革迅速推进。

2017年8月28日,经党中央、国务院批准,原中国国电集团公司与原神华集团有限责任公司合并重组为国家能源投资集团有限责任公司(简称国家能源集团)。重组后的国家能源集团资产规模超过1.8万亿元,拥有33万名员工、8家科研院所、6家科技企业,形成煤炭、常规能源发电、新能源、交通运输、煤化工、产业科技、节能环保、产业金融等8大业务板块,拥有4个世界之最,分别是世界最大的煤炭生产公司,世界最大的火力发电生产公司,世界最大的可再生能源发电生产公司和世界最大煤制油、煤化工公司。②重组成立国家能源集团,是党中央、国务院的重大决策部署,是深入推进供给侧结构性改革,深化国资国企改革,践行"四个能源革命",保障国家能源安全的重大举措。

2019年6月22日,国家发展改革委发布《关于全面放开经营性电力用户发用电计划的通知》,按照文件精神,未来电力经营性用户既可以自己向发电企业买电或由售电公司代理买电,也可以选择仍由电网公司代理向发电企业购电。该通知被业界称为中国电力行业从计划全面迈向市场的标志性文件。

---

① 可参见中办发〔2015〕9号《关于进一步深化电力体制改革的若干意见》(2015年3月15日)。

② 资料来源于国资委网站:http://www.sasac.gov.cn/n2588025/n2649281/n10784966/c12068216/content.html。

三、我国电力产业当前的管制现状

(一) 当前我国电力产业管制的内容

改革开放以来,我国不断探索电力产业政府管制的改革,不断调整管制要求,完善管制内容,更新管制方法,这些年来的管制改革有力地推动了我国电力行业的发展。2013年,国家电力监管委员会撤销,相关职能并入国家能源局,重组后的国家能源局仍然由国家发改委管理。目前,我国电力产业管制职责主要归属国家能源局电力司,其具体职责为:拟订火电和电网有关发展规划、计划和政策并组织实施,承担电力体制改革有关工作,衔接电力供需平衡。电力定价、电价监管及电力投资审批工作由国家发改委下属的价格司、价格监督检查与反垄断局、能源局分头负责。当前我国电力产业政府管制的内容可从进入管制以及价格管制两个主要方面进行分析。

1. 进入管制

进入管制是指政府出于一定的目的而做出的采用一些方法特许一家或几家企业进入,而限制其他企业进入的行为。政府通过发放行政许可证、行政审批、提高电力行业准入标准等方法,规定及限制电力产业内电力企业及电力从业人员的数量,从动态上保持电力产业的有序竞争。

在最初的计划经济体制下,电力行业发展和建设的资金来源仅为中央财政资金,导致我国电力产业建设资金不足和供电短缺问题十分严重。电力市场化改革发展至今,已极大扩宽了投资主体的准入范围。2005年2月,国务院出台了《关于鼓励、支持和引导个体经营等非公有制经济发展的若干意见》,允许非公有制资本进入垄断行业和领域,还指出要加快垄断行业改革,在民航、铁路、石油、电信、电力等行业和领域,进一步引入市场竞争机制。① 按照该意见的内容，对于电力产业的自然垄断性业务，即输配电环节，非公有制资本可以通过参股等方式进入；对于非自然垄断性业务，即发电和售电环节，非公有制资本可以通过独资、合资、合作、项目融资等方式进入。另外，对于电力项目的投资已由"核准制"代替"审批制"，根据项目的规模由不同级别的政府投资主管部门核准。电力项目实行核准制后，虽只需"项目申请报告"一个环节，大大简化了审核程序，但却未能节省审核时间，并不一定表示电力项目准入门槛降低。但是核准制扩大了大型电力企业的投资自主权，且缩短核准周期以及向社会公布等信息披露方面的规定，减少了政府行政性管制的不确定性。

许可证制度是能源市场准入普遍采取的一种管制工具，是一种事中和事后监管，也是一种持续性监管。我国对电力产业的许可证管制可分为两部分：对电力企业的许可证管制和对电力从业人员的许可证管制。一方面，在对电力企业的进入管制方面，电力业务许可证管制是最主要的进入管制手段。根据2005年12月1日起施行的《电力业务许可证管理规定》，在我国境内从事电力业务(发电、输电、供电业务，其中供电业务包括配电和售电业务)，应当按照规定取得电力业务许可证，除电监会规定的特殊情况外，任何单位或者个人未取得电力业务许可证，不得从事电力业务。② 为进一步深化"放管服"改革，优化电力营商环境，提高行政许可服务水平，2018年，国家能源局推行电力业务许可办理"最多跑一次"制度，提出"加强平台建设，全面实现网上办理；简化许可办事程序，规范审批流程；大力推进许可信息公开"等主要措施。③ 另一方面，在对电力从业人员的许可证管制方面，2006年3月1日起施行的《电工进网作业许可证管

---

① 可参见国发〔2005〕3号《关于鼓励、支持和引导个体经营等非公有制经济发展的若干意见》(2005年2月2日)。

② 可参见国家电力监管委员会令第9号令《电力业务许可证管理规定》(2005年10月13日)。

③ 可参见国能发资质〔2018〕66号《国家能源局关于推行电力业务许可办理"最多跑一次"的实施意见》(2018年8月24日)。

理办法》规定："电工进网作业许可证是电工具有进网作业的有效证件,进网作业电工应当按照规定取得电工进网作业许可证并注册。"①但国务院2017年9月22日发布了《国务院关于取消一批行政许可事项的决定》,决定取消电工进网作业许可证的核发,通过考核发放"特种作业操作证(电工)"等措施以加强事中事后监管。

2016年,国家发改委和国家能源局印发《售电公司准入与退出管理办法》,从准入条件、准入程序、退出方式、权利与义务以及信用体系建设等方面详细地制定了售电公司的准入与退出规则。另外,我国各省对于电力市场三大主体:发电企业、售电公司和电力用户准入条件都有明确的规定。

新一轮电力体制改革开启后,在鼓励向自然垄断业务引入多元化资本方面,最具有代表性的就是增量配电业务改革。2016年10月,为贯彻落实电改9号文和电力体制改革配套文件精神,有序向社会资本放开配售电业务,国家发改委、国家能源局印发《有序放开配电网业务管理办法》,根据这一管理办法,增量配电业务可总结为:除电网企业之外的其他社会资本已投资、建设、运营的存量配电网业务和未来投资、建设、运营的配电网业务;电网企业与其他社会资本以混合所有制形式投资、建设、运营的配电网业务及在存量基础上的增容扩建。② 自此增量配电业务改革开始如火如荼地进行。前三批320个增量配电网试点,分布于全国30个省区市和新疆生产建设兵团,基本实现地市全覆盖。2018年下半年开启的第四批项目试点,将增配电网试点拓展至县级,目前全国已有404个增量配电网试点单位。2018年全国110千伏及以下的电网投资增长12.5%,占全部电网投资比重的57.4%,比上年提高了4.5个百分点。③ 增配电业务改革确实

---

① 可参见国家电力监管委员会令第15号令《电工进网作业许可证管理办法》(2005年12月13日)。

② 苗雨新,刘远鹏,曹中咏,李铭渊.增量配电业务改革主要矛盾的分析及建议[J].上海电力学院学报,2019,35(3):293-297.

③ http://www.cec.org.cn/yaowenkuaidi/2019-01-29/188578.html.

为配电业务发展注入了许多新鲜活力，但仍面临着电网企业不配合、相关政策不够完善等问题。

2. 价格管制

价格管制是指政府通过制定价格调整的法律、法规对事关国计民生的产品或服务价格进行严格规范和科学界定的行为，以保护消费者权益，防止垄断企业获取高额的垄断利润。电价管制原则是在非自然垄断业务中实行市场定价，在自然垄断业务中实行管制定价。

目前，我国对于具备条件的用户普遍推行两部制电价，即将电价分成基本电价与电度电价两部，并不断合理调整基本电价在销售电价中的比重。2016 年，国家发改委印发了《关于完善两部制电价用户基本电价执行方式的通知》，进一步完善了两部制电力用户基本电价执行方式，放宽了基本电价计费方式变更周期，放宽了暂停、减容期限限制。[①] 2018 年，国家发改委又印发了《关于降低一般工商业电价有关事项的通知》，明确规定，两部制电力用户可自愿选择按变压器容量或合同最大需求量缴纳电费，也可选择按实际最大需求量缴纳电费。[②]

对于输配电价，当前我国在试点地区采用年度成本加成的管制方式，按照"准许成本加合理收益"原则，核定电网企业准许总收入和分电压等级输配电价，明确政府性基金和交叉补贴。核定省级电网输配电价时，先核定电网企业输配电业务的准许收入，再以准许收入为基础核定输配电价。[③] 我国销售电价的一个主要特点就是交叉补贴，由于销售电价由上网电价、输配电价、单位平均输配电损耗和政府性基金四个部分组成，其中，上网

---

① 可参见发改办价格〔2016〕1583 号令《关于完善两部制电价用户基本电价执行方式的通知》(2016 年 6 月 30 日)。

② 可参见发改办价格〔2018〕500 号令《关于降低一般工商业电价有关事项的通知》(2018 年 3 月 28 日)。

③ 可参见发改办价格〔2016〕2711 号令《省级电网输配电价定价办法(试行)》(2016 年 12 月 22 日)。

电价由市场竞争决定，无法反映交叉补贴的情况，单位平均输配电损耗和政府性基金数值较小，也无法承担交叉补贴，而当前我国尚未建立独立完善的输配电价形成机制，因此输配电价承担了销售电价的大部分交叉补贴。当前我国对于输配电价的交叉补贴主要有四种形式：一是省内发达地区对欠发达地区、城市地区对农村地区进行输配电价交叉补贴；二是大工业用户和一般工商业用户对农业和居民用户进行交叉补贴，结果造成我国居民电价高于工业电价这种不合理的输配电价结构；三是由于尚未实行基于符合率差别的输配电价定价方法，使得同一电压等级中的高负荷率工商业用户对低负荷率用户形成输配电价交叉补贴；四是高电压等级用户对低电压等级用户进行交叉补贴。

近年来电价管制改革不断推进，已初见成效。2014年，国家电网经营区域电力直接交易占全社会用电量的比重不足3%，而到2018年，这一比重已超过22%。另外，我国的电价水平也明显降低。由图6-1可知，2017年我国居民电价为8.4美分/千瓦时，在美国、德国、日本等37个国家中处于最低水平，而电价水平最高的德国电价为37.72美分/千瓦时，是我国的4倍多。我国工业电价虽高于居民电价，但在全球也处于较低的水平，图6-2中的数据显示，2017年我国工业电价为10.20美分/千瓦时，在37个国家中处于较低水平，位居第28位，低于大多数国家电价水平。

(二)我国电力产业管制存在的主要问题

通过梳理我国电力产业管制改革历程以及分析当前电力产业管制内容，可以看出，我国电力产业管制改革取得了显著成果，对我国电力产业的发展做出了突出贡献。但是，目前我国电力产业管制制度相对滞后于电力产业的发展要求，在很大程度上阻碍了电力产业的有效竞争，影响了电力产业的长期发展。目前我国电力产业管制存在的问题主要表现在以下几个方面：

三、我国电力产业当前的管制现状

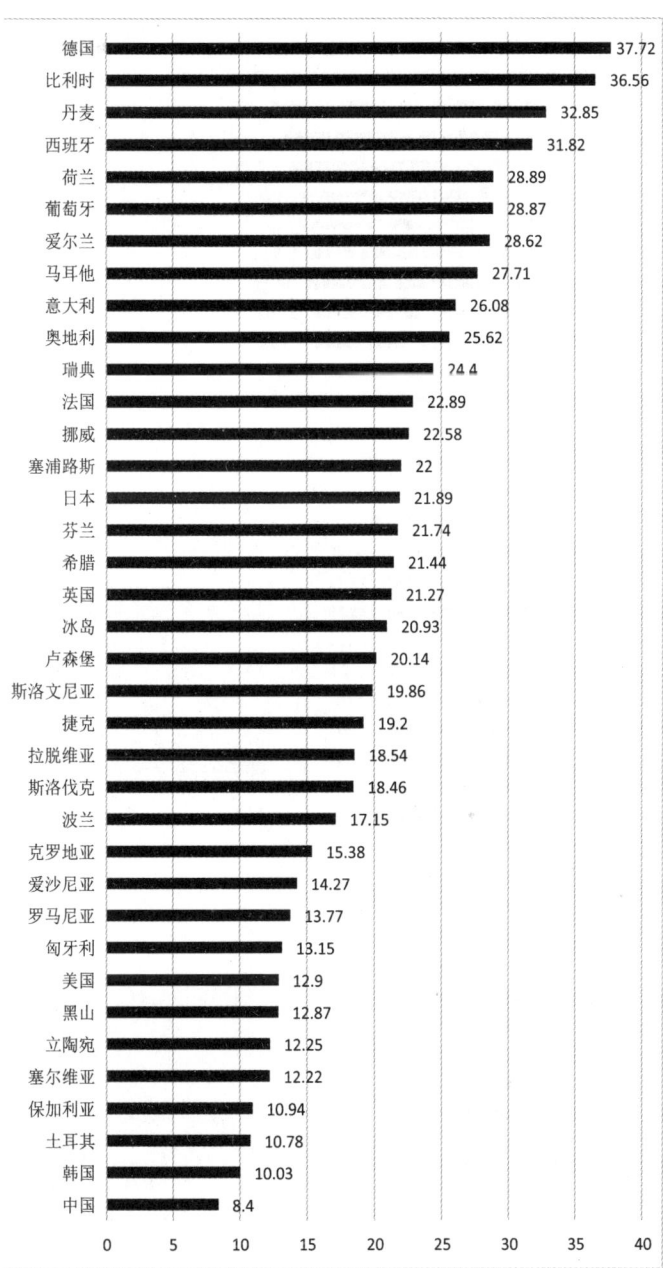

图 6-1 2017 年世界各国居民电价水平（单位：美分/千瓦时）①

---

① 图中数据源自国家电网旗下的"电网头条"网站（http://www.sgcctop.com）。

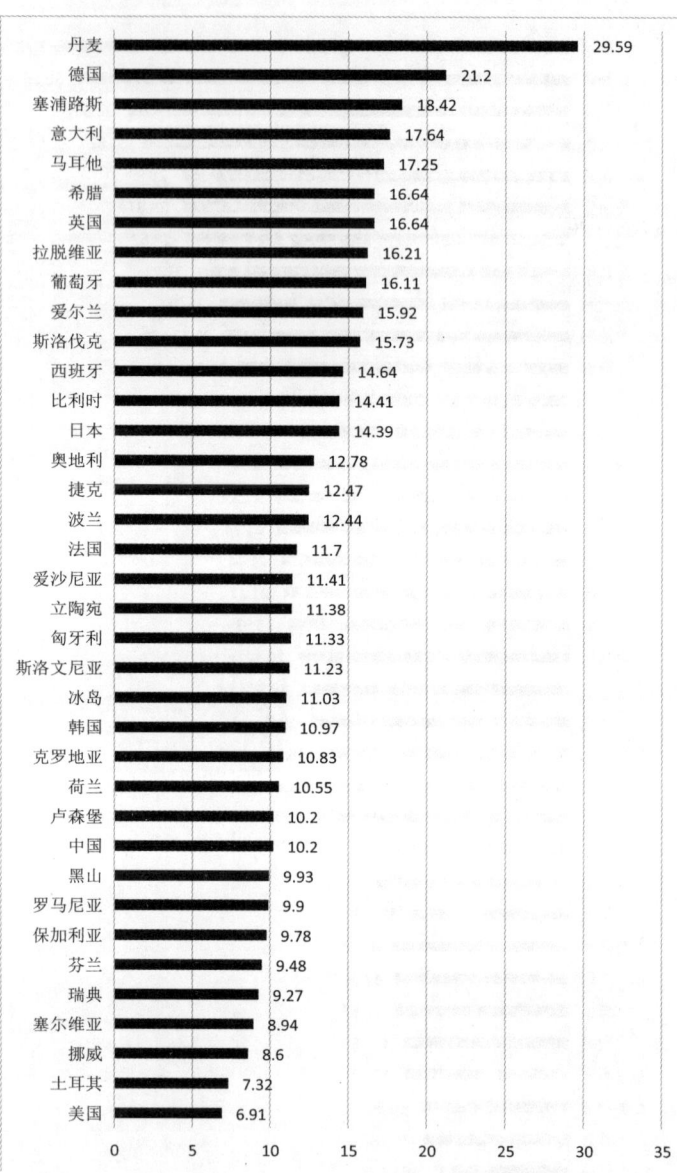

图 6-2 2017年世界各国工业电价水平(单位：美分/千瓦时)①

---

① 图中数据源自国家电网旗下的"电网头条"网站(http://www.sgcctop.com)。

三、我国电力产业当前的管制现状

1. 电力产业管制机构不独立

在传统的管制方式下,无论是对垄断还是对竞争的管制,由于管制机构与行政机构重合在一起,并且管制机构客观上存在追求经济利益和政治利益的动机,而其自身的行政化色彩会加重对政治利益的追求动机,使得其在实施管制的过程中倾向于选择对自己更有利的决策,从而与利益集团进行互利合作,出现"政府规制机构被俘获"现象。① 从整体上看,我国政府管制属于政府经济行为,政府既是电力产业管制者又是电力产业业务的直接或间接经营者,使得我国电力产业管制体系中的行政化色彩十分浓厚。当前,我国电力产业管制主体(政府机构)主要为国家能源局电力司,管制客体基本都是国有独资或国家绝对控股的企业,管制机构与被管制的企业是利益共同体,两者之间存在利益关联,因而管制机构在所拥有的权力范围内更倾向于维护被规制企业的利益。我国电力产业管制机构的不独立在很大程度上使得管制政策不能很好地维护社会利益,导致了管制的低效率、管制决策的滞后以及管制部门的寻租行为。

2. 电力产业管制法律体系缺位

随着我国经济社会的飞速发展,社会各方面对电力的需求越来越大,同时对电网建设的需求也越来越大。目前我国现行电力法律体系在很大程度上落后于电力改革的推进,已然不能满足电力产业发展的实际需要。首先,由于我国行政法律体系不够完善,使得在制定政府通过行使行政权规制电力产业的具体规定时,总是缺乏行政方面的法律依据,造成政府规制落后于现实,规制效果不理想。其次,虽然目前我国已有一些电力产业相关的法律法规,比如《中华人民共和国电力法》《电力监管条例》等,但这些法律法规无法覆盖电力行业各个领域的生产经营,并且这些法律法规的内容过于原则化,在很多时候缺乏可操作性,不能为当今电力产业发展提供

---

① 姜红星. 中国电力产业规制改革研究[D]. 中国社会科学院研究生院,2017.

一个良好的法律环境。再次，我国缺乏反垄断方面的有效法律以及独立的反垄断机构。2008年我国颁布实施的《中华人民共和国反垄断法》详细规定了对经济垄断进行管制的方式，但是几乎没有涉及电力、电信等自然垄断行业。最后，我国还缺乏一些输配电价格、电价管理方面的行政法规，目前对于电价的调控只能依照《中华人民共和国价格法》进行管制，使得电价管制在很多方面缺乏法律依据。

3. 电网超级垄断的体制性障碍依然存在

我国电力产业深受自然垄断理论的影响，政府的行政干预较多，前期的电力体制改革减少了政府的行政干预，在发电环节引入竞争机制，实行厂网分开，极大地缓解了我国电力供应短缺问题。但由于电力体制改革各环节进程不一致，使得电力工业行政垄断的体制性障碍依然存在，形成了"发电侧单一买者、售电侧单一卖者""发电侧独立、输配售一体化"的市场结构。这样一来，电网公司在发电侧对发电企业形成买方垄断，在售电侧形成卖方垄断，再加上电力输配的自然垄断，逐步形成了电网公司的超级垄断，促生出新的"厂网不分"，导致我国发电企业和电网公司效率低下。比如国家电网公司资产规模、营业收入长期高达世界同行平均水平的2~3倍，员工规模高达10倍左右，但其多项财务指标却远落后于国际平均水平。这种新的"厂网不分"以及现行的垄断输配电经营模式严重阻碍了我国电力体制市场化改革的进程。

4. 电力价格管制体系不完善

第一，电价形成机制不合理。虽然如今我国上网电价已由个别成本加成定价转换为根据平均成本定价，但是电力定价机制仍是基于成本收益率定价，使得发电企业虚增成本和高成本运营，缺乏提高发电效率、降低成本的动力，致使我国发电效率低下。

第二，输配电价管制体系不健全。首先，输配电价格缺乏监管，输配电成本监管主体不明确，存在"多头管理"现象。目前我国对于输配电价格的监管力度不足,政府对电网价差的制定具有一定的主观性,容易造成电力产业各环节的利益分配不均衡,引发厂网矛盾;我国虽已成立专门的电力监管机构来负责电价监管,但是在监管过程中,国家电力监管委员会与国家发改委等多个部门存在一定程度的职能交叉,使得监管效率低下。其次,电网价差形成机制以及当前年度成本加成的输配电价管制方式存在监管成本高、投资过度、缺乏激励和约束等问题,难以促进电网企业提高效率、降低成本。再次,部分类型的输配电价交叉补贴不甚合理,造成我国输配电价结构失衡,难以反映真实的输配电成本和价格信号。最后,各省在输配电价成本的监管过程中还没有形成科学手段来核定有效资产和运营成本,并且我国已经形成多层次电网结构,但国家级、区域级、省级等不同层次的电网之间缺乏合理的价格传递,跨省跨区输配电价机制有待核定和统一。①

第三,销售电价机制单一僵化,缺乏弹性,无法准确和及时地反映电力市场供需关系、资源稀缺程度以及环境损害成本。首先,我国销售电价分类难以反映用户特性和供电成本,电价交叉补贴严重,使得居民电价偏低,工业电价偏高,而其他国家往往相反。其次,电价传导机制不顺畅,煤电价格联动机制虽已建立,但由于输配电价未形成、竞价上网还未实现,再加上电价调整的敏感性,使得其在执行中效果不理想,导致电力市场价格和供需之间的信号传递不顺畅,终端电价调整不及时。

四、我国电力产业管制改革取向

我国电力产业管制改革发展至今,已取得了令人瞩目的成绩。特别是2015年电改9号文下达后,新一轮电力体制改革开启,我国电力产业市场

---

① 罗晓伊,魏阳,严磊,等. 新一轮输配电价改革及其应对策略研究[J]. 四川电力技术,2017,40(6):44-47.

化基础逐步确立,改革成果也逐步显现,但我国电力产业仍存在一些突出的矛盾和问题。随着我国社会经济进入快速发展通道,电力产业发展所面临的内外部环境也有了极大的变化,加快推进我国电力产业管制改革是一项十分紧迫的任务,事关我国能源安全和经济社会发展全局。为此本书针对我国电力产业管制现状,结合国际电力产业管制改革经验,以放松管制与激励性管制理论为依据,分别从输配电环节和售电环节(售电侧)来分析我国电力产业管制改革取向。[1]

(一)输配电环节管制改革取向

输配电业务属于典型的自然垄断业务,在电力产业中处于核心地位,特别是实行了"厂网分开"和"放开两端"的改革之后,输配电环节的管制改革便成为电力体制改革的核心问题,也是影响电力体制改革未来走向的关键一环,下面分别从进入管制和价格管制两个方面对输配电环节管制改革取向进行分析。

1. 进入管制改革取向

(1)重构输电、调度与交易组织模式

如今世界上已经出现多种输电、调度与交易组织模式:英国、法国、德国等欧洲国家采用 TSO 模式,即交易机构单独分离,调度与输电保持一体;美国采用独立系统运营商(ISO)/区域输电组织(RTO)模式,即调度与交易机构保持一体,输电独立运营;俄罗斯、巴西、印度等国家采取输电、调度与交易三者完全分开,各自独立的模式。我国目前采用三者合一的模式。要深化输配电体制改革,落实电网无歧视开放以及实现市场公平交易,路径之一就是打破现行的输电、调度与交易"三位一体"的

---

[1] 由于我国发电环节实施放松管制较早,也较彻底,该环节存在的管制问题相对较少,因此本文限于篇幅,就没有论及发电侧的管制改革,而把研究的重点放在输配电环节和售电环节上。

组织模式。① 根据现阶段我国输配电环节的实际情况，不宜采用输电、调度与交易三者完全分开、各自独立的模式。根据国际经验，可借鉴美国 ISO/RTO 模式，将输电与调度、交易分开，组建国家电力调度中心和电力交易中心，由专门的监管机构进行管理。

(2) 继续推进增量配电业务改革

增量配电业务改革是当前"管住中间"改革工作的重要突破口，也是输配电侧改革的重点。与售电侧开放不同，配电网属于自然垄断环节，具有显著的规模经济性和范围经济性，因此增量配电业务开放重点在于引进社会资本，促进配电网建设发展，提高配电网运营效率。但如今在增量配电业务改革推进过程中，仍面临着许多问题和矛盾，为顺利推进增量配电业务改革，笔者提出以下几点建议。

第一，要完善配套的法律法规和实施细则，如统一配电网规划、建设、运营、维护等方面的行业标准；确定增量配电网收益核算方法；明确各类投资主体的准入和退出机制；建立信用评价机制；建立明晰高效的投资、建设、运营监管机制等。②

第二，地方政府要充分发挥政策制定者的作用。增量配电网的各试点地区基本上均事先有配电网的存在，且相应的配套电力设施大都由电网企业投资建设，增量配电网的推进会在很大程度上影响电网企业的利益。因此，在增量配电网试点工作的推进过程中，多数电网企业不愿意配合，要求控股试点。由图 6-3 中的数据可知，在目前的三批次增量配电网试点中，由电网企业控股的试点最多，约占试点总数的 44%。因此，各地政府在推进增量配电业务试点落地的过程中，要做好与当地电网公司、投资业主等参与主体的沟通协调工作，缓解利益各方的矛盾；要根据各地的实际情况，因地制宜制定增量配电业务实施细则；加强对试点项目的监管，保证

---

① 王伟，殷航. 中国输配电体制改革的演进、问题与对策[J]. 新视野，2012(3)：50-53.

② 黄李明，杨素，屠俊明，等. 增量配电业务改革试点关键问题[J]. 中国电力，2017，50(7)：1-4.

招标环节的公开、公平、公正以及项目建设质量等。

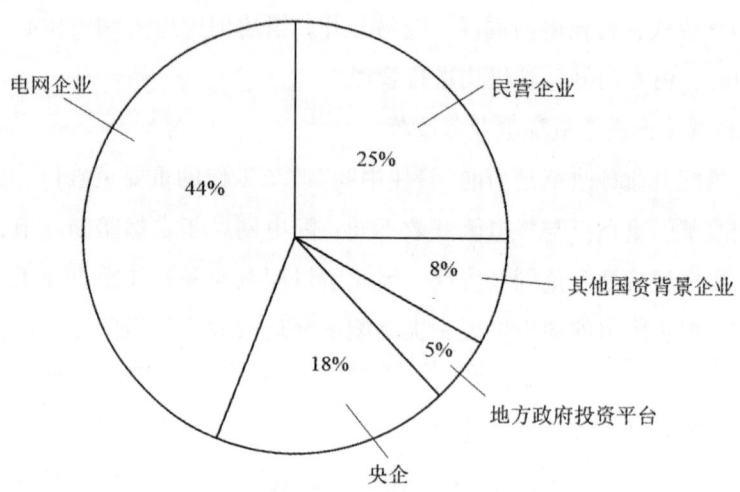

图 6-3　三批次增量配电网试点控股业主情况①

第三，注重解决增量配电网项目的经济性问题。就商业模式的本质而言，若增量配电网项目收入难以覆盖成本加风险的综合收益，那么再多的资本、再多创新的盈利模式也是无稽之谈。与发电侧不同，增量配电网具有一定的地域垄断性、产业垄断性和资源垄断性，其商业模式需要因地制宜，量体裁衣，难以进行规模化的复制。为解决这一问题，较为有效的措施便是明确输配电价格信号。根据测算，目前的配电价格空间导致配电投资回收周期都在 10 年以上，平均水平在 13 年至 15 年。② 若能明确输配电价格信号，社会资本便可得到一个较为稳定的投资收益预期，从而可极大地调动社会资本投资增量配电网项目的积极性。

---

① 苗雨新，刘远鹏，曹中咏，等. 增量配电业务改革主要矛盾的分析及建议[J]. 上海电力学院学报，2019，35(3)：293-297.
② 李鑫. 回首四年电改路(上)——"风起云涌"的增量配电改革[J]. 中国电力企业管理，2019(7)：42-45.

通过继续推进增量配电业务改革,不仅可吸引更多的社会资本参与配电网建设,有利于激励电网企业提高配电网建设、运营效率和质量,而且有利于政府通过区域间竞争更好地实施有效监管。①

2. 价格管制

输配电价改革是电力产业管制改革的重要组成部分。2015年11月国家发改委和国家能源局印发《关于推进输配电价改革的实施意见》,提出了输配电价改革的总体目标(表6-2)。其中,建立完善独立的输配电价形成机制是输配电价改革的首要目标。一直以来,我国输配电价水平均处于较低的状态,输配电价占销售电价的比例也较低。由图6-4中的统计数据可以看出,2018年我国输配电价占销售电价的比例为30%,在国际上处于较低的水平,而主要原因在于尚未建立独立的输配电价形成机制。目前我国输配电价的主要定价依据仍为由政府部门制定的上网电价和销售电价决定的购销差价,不能充分反应输配电成本,无法作为电力市场价格的有效信号。由此可见,输配电价的管制模式、输配电价交叉补贴以及输配电成本核算办法是如今我国输配电价改革面临的关键问题,② 可从以下几个方面来分析输配电价管制改革取向。

(1)探索制定价格上限激励机制等合理定价机制

我国目前所采用的年度成本加成的输配电价管制方式虽可消除由垄断带来的企业的高额利润,但监管成本较高,还会导致电力公司过度投资,疏于对成本的控制,缺乏通过降低成本、提高效率来获取更多利润的动力。虽然监管部门要求各电力公司加强对增量投资的控制,但这无疑只是治标不治本,要解决这一问题关键是要进行自上而下的监管模式改进,引入激励性管制,探索适合我国的输配电价管制模式。

---

① 林卫斌. 论电力市场竞争的"不可能三角"[J]. 价格理论与实践,2019(5):15.

② 董晋喜,谭忠富,王佳伟,等. 电力体制改革背景下输配电价关键问题综述[J]. 电力系统及其自动化学报,2020(3):133.

表 6-2　输配电价改革的总体目标①

目标 1	建立规则明晰、水平合理、监管有力、科学透明的独立输配电价体系，形成保障电网安全运行、满足电力市场需要的输配电价形成机制
目标 2	还原电力商品属性，按照"准许成本加合理收益"原则，核定电网企业准许总收入和分电压等级输配电价，明确政府性基金和交叉补贴，并向社会公布，接受社会监督
目标 3	健全对电网企业的约束和激励机制，促进电网企业改进管理，降低成本，提高效率

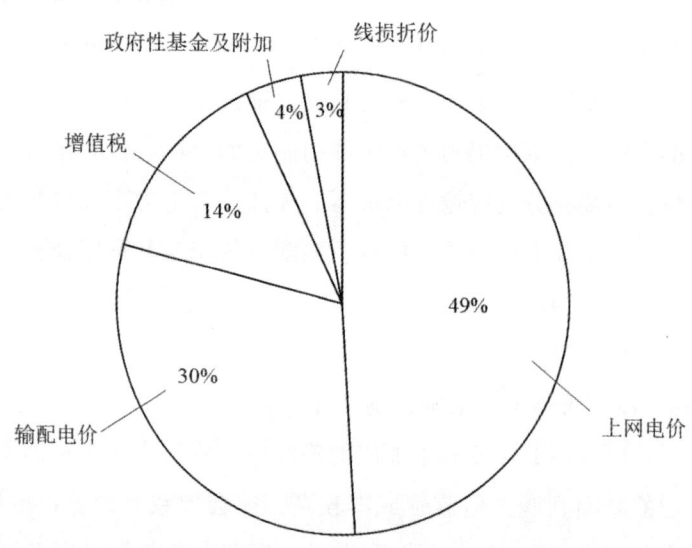

图 6-4　2018 年平均销售电价构成比例②

仅仅引入价格上限激励机制会使得企业在追求低电价的同时放弃对电

---

① 可参见发改经体〔2015〕2752 号：《国家发展改革委 国家能源局关于印发电力体制改革配套文件的通知》，附件 1：《关于推进输配电价改革的实施意见》(2015 年 11 月 26 日)。

② 数据来源：电网头条。

力服务质量的保证，因此，可在推行价格上限管制的同时引入质量管制。具体做法为：首先，在条件成熟的改革试点地区推行价格上限管制与质量管制同时存在的综合性激励机制。各试点地区可根据电网企业供电可靠率、服务质量等考核指标建立输配电价联动调整机制。在价格上限管制下，对核定的服务绩效超过一定幅度的电网企业可适当提高价格，相应地，服务绩效过低的电网企业将被迫降价。① 其次，分析各试点地区在价格上限管制模型的具体应用以及质量管制模型评价体系建立过程中遇到的问题，对比其他地区现行的成本加成管制模式，讨论两种不同管制模式的优缺点以及在价格上限管制模型中引入质量管制这种综合性激励管制模型在我国应用的可行性。最后，待摸索出较为完善合理的一套适合我国的输配电价管制模式后，再逐步扩大应用到其他地区。其实，各地区所采用的输配电价管制模式并不一定要完全相同，未来我国可在不同地区采用不同的输配电价管制模式。

（2）妥善处理电价交叉补贴问题

严重的交叉补贴会导致输配电价扭曲，难以反映真实的输配电成本和价格信号。因此，缓解并妥善处理输配电环节的交叉补贴是建立独立完善的输配电价形成机制的重要条件。② 首先，要从根本上缓解输配电环节的交叉补贴，就要对销售电价的结构进行调整。其次，对于不同类型的输配电价交叉补贴要妥善处理：第一，适度提高居民用电价格，减少工业用电价格，逐渐减少工商业用户对居民用户的输配电价交叉补贴；可将居民细分为低、中、高收入等级用户，对低收入等级用户实行正常交叉补贴，减少对中收入等级用户的交叉补贴，取消对高收入等级用户的交叉补贴。第二，逐步减少工商业内部交叉补贴，对于不同负荷率的工商业电力用户执行不同的输配电价，逐步建立基于负荷率差别的输配电价定价机制。比如，可通过制定多个两部制负荷率电价套餐，让用户根据自己的负荷特性

---

① 吴珊，段琪斐，李成仁，等. 电网投资监管的激励与约束兼容机制研究——基于新电改以来的政策分析[J]. 价格理论与实践，2019(7)：18.

② 张华祥. 中国电力行业价格形成机制与改革模式研究[D]. 复旦大学，2014.

来选择最合适的电价套餐，促进电力用户公平分担供电成本。① 第三，逐步扩大不同区域间的输配电价交叉补贴的范围，交叉补贴区域范围不仅仅局限于省内，推进电力产业发达地区对电力产业发展滞后地区的输配电价交叉补贴，从而更好地实现电力普遍服务的职能。最后，推进交叉补贴改革也要推行试点先行战略。要鼓励各试点地区密切结合发电上网电价和销售电价市场化的改革进程，根据实际情况积极探索合适的交叉补贴方案，发现推行过程中存在的问题并逐渐解决，摸索出较为成熟的交叉补贴方案，再逐渐应用到其他经营环境相似的地区。

（3）优化输配电成本核算方法和监管体系

目前我国输配电成本的统计管理较为粗放，无法满足新输配电价形成机制下的精细化测算数据要求，因而需对当前输配电成本核算方法和管理体系进行全面的优化。首先，可适当扩宽输配电成本核算范围，扩大输配电成本概念。我国当前试行的输配电定价成本监审办法规定，输配电定价成本包括折旧费和运行维护费，并不包含损耗成本。但在政府核定输配电价时，往往将电网企业的实际损耗水平和综合线损率水平考虑在内，因此，建议将损耗成本也纳入输配电成本中进行核算。为适应日常经营管理中对数据需求多样性的要求，可在输配电成本核算中同时保留含损耗成本和不含损耗成本两个口径。② 其次，继续在试点地区开展输配电成本归集和分摊方法的研究和探索工作。可实施两部制输配电成本分摊方法，对直接成本和间接成本采用不同的归集和分摊方法：①直接成本指电网企业在输配电生产经营过程中发生的，能直接与电压等级对应分摊的各项输配电成本，如为维护各电压等级线路设备运行所产生的费用。这类成本可直接与电压等级对应，按照各电压等级进行精确分摊。②间接成本指在电力产品输送过程中不能直接对应到电压等级的输配电环节归集的成本费用。对于间接成本可按照收入成本配比原则，即遵循"谁受益，谁承担"原则，用

---

① 李竹. 基于成本核算的输配电定价机制研究[D]. 东北电力大学，2019.
② 卢艳芬，黄致远. 电网企业输配电成本核算方法优化研究——基于输配电价改革背景[J]. 企业管理，2017(S2)：66-67.

合理的规则归集分摊到各电压等级。最后，许多国家均针对电力行业颁布了相应的监管条例、会计准则、信息披露条例等法律法规，我国也应加快这一立法进程，尽快完善相关法律法规，使得我国输配电成本监管有法可依。还可借鉴英美两国的输配电成本监管经验，由独立的监管机构作为输配电成本监管主体，提高监管水平和效率。

（二）售电侧管制改革取向

2018年全国电力市场交易电量（含发电权交易电量、不含特殊交易电量）合计为20654亿千瓦时，同比增长26.5%，市场交易电量占全社会用电量的比重为30.2%，同比增长4.3%，市场交易电量占电网企业销售电量的比重为37.1%，同比增长3.6%。[①] 由此可知，新一轮电力体制改革开展以来，售电侧放开已取得初步进展，电力市场化交易规模不断扩大，但市场交易电量占电网企业销售电量的比重仍然较低。因此，售电侧管制改革的主要目标依旧是推进售电侧市场化进程，这也是新一轮电力体制改革的重点项目。售电侧市场化改革是指在电力销售环节引入竞争机制：放开选择权，给予电力用户对于售电公司的自主选择权；培育多元化售电市场主体，形成电力销售市场"多方买—多方卖"的市场化结构。

1. 进一步完善市场准入与退出机制

我国售电侧管制改革的重点就是在售电行业引入社会资本，增强售电市场的竞争性，从而增强市场活力，扩大社会效益。在进行售电侧管制改革时，应坚持放松进入管制原则，规范市场主体准入标准，进一步完善市场准入与退出机制。

就目前我国售电公司准入条件来看，与国际市场相比，存在明显的差异，具体如表6-3所示。在经济规模上，国内不仅明确了企业资产总额的最小规模，而且对更高的售电业务量有着更高的资产总额要求，而国外大

---

① http://www.cec.org.cn/guihuayutongji/dianligaige/2019-03-04/189190.html。

部分国家只要求财务信用良好，不要求经济规模，给予售电公司更低的准入门槛，从而也增加了中小企业的参与率。在从业经验上看，国内外要求基本一致。在技术水平上，我国更强调公司的现有技术水平达标，而国际更强调公司在未来的技术服务水平，有着更长远的市场规划。在信用状况上，我国要求企业自身的自律性，重视企业自身的承诺与经营状况，但没有可行的市场约束，而国际则是从市场信用上对企业做出要求，根据信用等级评级或者保证金制度对企业进行约束，严格监管。

表 6-3　国内外售电公司准入条件①

	经济规模	从业经验	技术水平	财务信用状况
国内	注册资本2千万以上；对从事年售电量更高的售电业务有更高的资产总额要求	拥有10名及以上专业技术人员，掌握电力系统基本技术、经济专业知识，具备电能管理、节能管理、需求侧管理等能力，有三年及以上工作经验；拥有1名及以上工作职称和3名及以上中级职称的专业管理人员	具有与售电规模相适应的电力市场技术支持系统需要的信息系统和客户服务平台	无不良信用记录，并按照规定要求做出信用承诺，确保诚实守信经营
国外	没有明确要求，但需要财务状况良好	要求从业人员有行业从业经验和技术服务能力	要提供未来详细的商业计划和服务方案	必须满足市场的信用要求；具有符合规定的信用等级；提供规定数额的定金，并将其存入定金账户；提供担保或信用证

---

① 可参见发改经体〔2016〕2120号令《售电公司准入与退出管理办法》(2016年10月8日)。

由此可见，我国现有的售电公司准入规则对资产最低规模、技术条件等都作了明确的规定，这些硬性要求无疑提高了售电公司的准入门槛，阻碍了规模小、市场灵敏度高、依靠服务取胜的售电公司进入售电市场，有碍多元化售电市场主体的形成。因此，政府相关部门可对售电公司分类建立差异化的市场准入机制。政府可根据售电公司目标电力用户的不同对其进行分类，实施不同的准入要求，在一定程度上放松硬性管制，重视售电公司的软实力。例如，对于目标用户为大型工商业用户的售电公司，可设定较高的资产规模及技术要求，同时还要重视其信用状况；对于目标用户为居民等零售用户的电力公司可适当降低对资产规模等的限制要求，但要明确并限制其用户群体。另外，我国对售电公司的准入条件更多是在公司未正式运营前的要求，而忽略了考察售电公司能否运营的能力，一方面把有运营实力的公司挡在市场之外，另一方面又让没有运营实力的公司降低了售电市场的效率。因此，政府相关部门应加强对售电公司运营实力的考察和信用状况的监管，尽快摸索出一套适合我国售电市场的准入标准和办法。

2. 对不同性质的售电主体实行不对称管制

售电侧改革的本质在于改变目前电网企业输配售一体化的垄断状况，培育多元化售电市场主体，以提高电力资源的配置效率。2015年出台的《关于推进售电侧改革的实施意见》将我国售电公司分为三类：(1)电网企业的售电公司；(2)社会资本投资增量配电网，拥有配电网运营权的售电公司；(3)独立的售电公司，不拥有配电网运营权，不承担保底供电服务。目前，我国处于售电侧改革的初期，由社会资本成立的售电公司虽然数量在持续攀升，发展规模不断扩大，但仍处于发展的起步阶段，经营业务模式不够成熟，技术革新也稍显欠缺。电网企业的售电公司依靠其已有的行业资源和成熟的经营模式，在售电市场中仍占据着垄断地位，新进入的售电公司竞争能力较弱，使得售电市场机制不能有效运行，严重制约了售电侧有效竞争市场体系的形成。

因此，类似于国有企业混合所有制改革的做法，在承认各种所有制性质在售电市场所处地位的基础上，为实现国有电网企业的售电公司与其他新进入的售电公司的有效竞争，我国应对新进入的售电公司实行不对称管制，在一定程度上提高新售电公司的竞争力，使其尽快适应市场，形成对称的竞争市场，提高市场竞争效率。具体的不对称管制政策可以施用于业务范围，也可以是在价格层面的。比如，农村或者偏远山区等具有扶贫性质的特定保底售电业务可以由电网的售电公司来承担，而新加入的售电公司可以自由选择售电区域，以便使其更快地适应市场，提高利润率和综合竞争力。通过进行不对称管制可以对不同性质的售电公司的利益关系进行整合，对不同参与主体的行为进行约束或激励。但这种不对称管制有一定时间的限制，当新加入的售电公司具有一定的竞争实力，售电主体各方势力平衡后就应该逐渐取消这种不对称管制，实行对称管制，从而实现公平竞争。

3. 建立能反映市场需求的销售电价形成机制

首先，要建立独立的输配电价形成机制。我国销售电价由上网电价、输配电价、单位平均输配电损耗和政府性基金四个部分组成。输配电价作为销售电价的重要组成部分，其形成机制的完善与否直接关系到最终销售电价的确定。

其次，应简化和规范销售电价分类。现行的销售电价分类结构过于细致、复杂，存在难以充分反映供电成本、加大电价管理难度、影响准确公平计收电费等问题，难以满足电力市场发展和电力用户的需要。因此，应将销售电价分类逐步简化，逐步调整为以用电负荷特性为主要分类依据，逐步归并规范为居民生活用电、农业生产用电和工商业及其他用电价格三个类别，明确各类用电的划分范围，再在不同的分类下依据电压等级分档定价，逐步建立结构清晰、简洁规范的销售电价分类结构体系。

再次，完善销售电价与上网电价的联动机制。在开放的售电市场中，销售电价要能通过市场上的供求变化来反映电力用户的消费行为和售电公司的供应行为，为此，必须建立销售电价与上网电价的联动机制，实行实时电价，这样才能充分发挥市场竞争机制的作用，电价的变化才能切实体现电力用户的需求变动和电力公司供电成本的变动。

最后，应进一步优化销售电价结构体系，从根本上解决电价交叉补贴问题。其一，完善峰谷分时电价制度。根据用户性质确定实行峰谷分时电价的范围，可适当提高峰段电价，也可制定多种可供电力用户选择的鼓励性电价，促使电力用户移峰填谷，调整用电负荷率，合理利用国家电力资源。其二，"因地制宜"探索合适有效的电价制度。例如，水电比重较大的地区可全面实行丰、枯电价制度；负荷具有较强季节性的地区可实行季节性电价制度。① 其三，完善两部制电价机制并扩大两部制电价实施范围。目前我国大部分地区只对大工业电力用户实行两部制电价，且基本电价偏低，难以发挥两部制电价机制的效率。因而，可适当提高基本电价并降低电度电价，从而节约供电成本并提高效率，增进社会福利；逐步扩大两部制电价实施范围至所有电力用户，以使电力企业的容量成本和电能成本得到合理分担，也能间接提高居民电价、低电压等级电价以及低负荷率电价，缓解电价交叉补贴问题。

4. 建立完善的监管体系

首先，推进售电侧改革要立法先行。日本电力改革一直采取谨慎、稳妥的做法，其用户选择权的放开历经了十余年，而且每次实行改革措施之前，均对《电气事业法》进行修改，确保法律条款的完善。② 借鉴日本售电侧放开的经验，我国推进售电侧改革，也应以法律指导改革实践。因此，宜尽快完善售电侧相关的法律文件和法律制度，包括全国性的电力监管法律和全国电力市场的具体运行机制，为具体的改革推广实施创造一个良好的法治环境。

---

① 范慧英. 中国电价形成机制改革研究[D]. 华北电力大学(北京), 2016.
② 杨素, 马莉, 武泽辰, 等. 日本售电侧市场放开的最新进展及启示[J]. 南方电网技术, 2018, 12(4): 56-59.

其次,成立具有相对独立性和强制性的电力监管机构。电力监管机构的独立性是国家电力监管部门有效发挥作用的基础。电力监管机构具有相对独立性并不意味着电力监管机构不受约束,反而指其在实施监管的过程中应该受到有效的管束。① 因此,在保持电力监管机构独立性的同时,要对监管机构的权力予以一定的监督和制衡,防止腐败现象发生。另外,还要明确各级监管机构的权力范围,避免权力的交叉和滥用,还可降低监管成本。

再次,对售电主体进行及时有力的监管。第一,政府的监管不能仅仅停留在对准入资格的审查上,还要对售电公司运营过程中的盈利方式等进行严格监管,严防其与不正规单位合作,采用不正规销售手段,损害公众利益,阻碍电力市场有效竞争机制的形成。第二,明确规定售电主体企业的权利和责任,例如,售电主体要提高电力用户用电效率,提高服务与产品质量;不可采用非环保、非正规的盈利模式。第三,建立信息公开机制和风险防范机制,完善信用评价机制。通过交易信息的公开透明化,确保电力用户拥有了解信息的权利,减少信息不对称带来的福利损失,还可减少经营腐败的发生;合理科学的风险防范机制可有效保障市场主体权益;完善信用评价机制,以有效激励售电公司自觉提高售电服务质量,促进售电市场的有效竞争。

最后,要依法公开监管信息、监管过程和监管结果,使得其他政府部门和社会公众能够对其进行监督,保证监管的效率与公平,从而促进我国售电市场以及整个电力市场的健康发展。

---

① 赵琳. 公共政策视角下的售电侧改革研究[D]. 重庆大学,2017.

第七章 严重信息不对称产业的管制改革
——以银行业为例

一、严重信息不对称产业的特征与改革总取向

严重信息不对称且其运行存在很强外部性的产业在我国主要指金融业。金融业作为我国政府实施强管制的产业，属于典型的垄断行业。近年来，与金融业相关的垄断问题层出不穷，且社会反响强烈，如银行业的垄断暴利问题、高收入高福利问题、高管高薪酬问题、国有银行的内部效率问题等。随着我国改革开放的进一步深入，这一行业的改革势在必行。

(一) 我国金融业的主要特征

根据经济学原理，由于金融业存在严重的信息不对称以及高负债经营的特点，存在很强的金融脆弱性，因此，对金融业进行管制是非常有必要的，也就是说，金融业因政府管制而形成的垄断是合理的。2008年，美国的金融危机也进一步证明了这一理论的正确性，美国政府在20世纪六七十年代逐步放松对金融业的管制，导致金融业的风险不断累积。很多学者都认为，2008年美国的金融危机跟美国政府对金融业的过度放松管制有着密切关系。2008年的金融危机后，美国政府明显加强了对金融业的管制。

但是，金融业需要政府管制并不意味着就不能适度引入竞争机制，特

别是在我国，金融业的垄断属于强政府管制而形成的强行政垄断再叠加国有企业垄断，即所谓的"所有制垄断"，因为我国的银行、证券、保险等金融子行业主要由国有企业来垄断经营。由于这"双重垄断"（行政垄断与所有制垄断）的存在，导致金融业成为问题最多、社会反响最强烈的行业之一。

（二）我国金融业的管制改革取向

1. 放松管制是金融业管制改革的最基本方向

我们认为，在当前的国情之下，对金融业实施放松管制，适度引入竞争是非常有必要的，一方面，竞争程度的提升有利于刺激行业内部效率的提高；另一方面，在引入竞争过程中，让非国有资本更多地进入金融业，也有利于体现社会主义市场经济体制的公平价值观。

如何放松管制呢？笔者认为，应该从经济性管制的内容角度出发。经济性管制的内容主要包括进入管制、价格管制、投资管制等几个方面，因此，放松管制也应该从这几个方面入手，适度放松进入壁垒，适度放松价格（收费）管制，适度放松投资管制等。

2. 放松管制要与国有企业混合所有制改革相结合

我国银行、证券、保险等行业普遍存在着"所有制垄断"问题，为此，金融业的管制改革要与国有企业混合所有制改革相结合，在放松管制的过程中，让更多的非国有资本进入金融业，除了要让更多的非国有资本在金融业的平台上与国有金融企业同台竞争外，还要通过混合所有制改革的途径，在保证国有资本不流失的情况下，在一些大型国有金融企业内部引入非国有资本，实现国有金融企业的股权多元化，以实现"做强做优做大国有资本"的国企改革目标。

3. 放松管制要兼顾国家金融安全目标

金融安全为国家经济安全的核心。我们党和政府近十几年来，一直强调国有经济要对关系国家安全和国民经济命脉的重要行业和关键领域保持绝对控制力。这一战略部署最初是由国资委制定的，而国资委下属的央企中并不包括金融企业，国资委当初所确定的"关系国家安全和国民经济命脉的重要行业和关键领域"仅包括电网电力、石油石化、电信、煤炭、民航、航运等七大行业，没有包括金融业。实际上，从国家整体战略角度看，"关系国家安全和国民经济命脉的重要行业和关键领域"除了此七大行业外，还应该包括金融业，这一点可从2018年7月，中共中央、国务院发布的《关于完善国有金融资本管理的指导意见》（下称《指导意见》）①中可以看出来。

《指导意见》明确了推进国有金融资本管理与改革的目标是为了做强做优做大国有金融资本，不断增强国有经济的活力、控制力、影响力和抗风险能力。要实现的三大基本任务是增强国有金融机构活力与控制力，促进国有金融资本保值增值以及更好地实现服务实体经济、防控金融风险、深化金融改革的目标。从国家整体战略角度看，金融业的地位与电网电力、石油石化、电信、煤炭、民航、航运等七大行业是一样的。

因此，我们在对金融业实施放松管制，对国有金融企业实施混合所有制改革时，都要注重一个"度"，不能"放松"到国有资本失去了对金融业的整体控制，不能"混合"到国有资本失去对原本是大型国有金融企业的控制权。

按照《国民经济行业分类（2019修改版）》（GB/T4754—2017）标准，金融业门类包括货币金融服务（主要指银行业）、资本市场服务（主要指证券业）、保险业、其他金融业等四个大类行业。由于篇幅的关系，本书对金融业管制改革的研究仅以银行业为例。

我们之所以选择银行业作为金融业的代表来进行研究，是因为，对比证券业与保险业，银行业的改革相对滞后，行业内的竞争程度相对不足，放松管制改革迫切性相对较强。

---

① http://www.gov.cn/zhengce/2018-07/08/content_5304821.htm.

另外，我国银行业政府管制存在的主要问题在于严重的进入管制，而价格管制、质量管制等问题都不是当前我国银行业管制的主要问题，因此，本书重在研究银行业进入管制改革，且采用实证研究方法，首先分析当前我国银行业的市场结构与绩效之间的关系，并在此基础上提出相应的进入管制改革策略，通过进入管制政策来调整银行业的市场结构，以实现绩效的改善。

二、我国银行业管制改革历程

我国银行业伴随着我国经济快速发展而发展，我国的银行业监管也处在不断调整和革新之中。在我国特定的体制条件和经济发展模式下，我国银行业监督管理委员会一方面严格控制银行业风险，另一方面引导行业发展并使其更好地为实体经济服务。我国的银行业监管模式不断在实践中探索、总结和完善，逐步形成了中国特色。

(一) 银监会成立前的银行业监管

自1978年改革开放以来，随着商业银行从无到有，以及中国人民银行的中央银行地位的确立，我国银行业政府监管也从无到有，并且不断得到完善。

从1980年代中期算起，近40年中国银行业的监管历程伴随的也是银行业监管改革的历程。① 这期间，我们大致可以将银行业的监管改革分为以下几个阶段：

1. 银行业监管的产生阶段(1984—1992)

1984年四大国有专业银行完成了商业化改造，接手中国人民银行原有

---

① 1984年，中国四大专业银行(工、农、中、建)逐步完成了商业化改造，中国开始出现商业银行，因此，中国银行业的监管也是自商业银行的出现而出现的，当时的监管机构主要是中国人民银行。

的商业银行职能。而中国人民银行剥离商业银行业务，专门行使中央银行职能，主要负责宏观调控与管理全国金融事业，中国人民银行实质上就是新兴的中国金融业最早的监管机构，银行业的监管大幕也由此拉开。

2. 监管架构的摸索阶段(1993—2002)

在这一时期，随着我国金融业的蓬勃发展，尤其是证券业的快速发展，中国金融业的地位在国民经济中不断提升，但金融业的问题也越来越复杂，越来越严重。作为央行的人民银行在执行货币发行、宏观调控等央行职能之余，还要兼任三大金融业的监管主体角色，显然是力不从心。因此，在20世纪90年代初，人民银行先行将保险市场、证券市场的监管职能分别移交给新组建的中国保险监督管理委员会和中国证券监督管理委员会。但在这一阶段，人民银行仍然承担银行业的监管职责。这一阶段的金融业监管改革明显是向着分业监管的方向发展，为后面的金融监管改革指明了方向。

3. 以风险控制为主的中国金融业监管新阶段(2003年至今)

2003年，第十届全国人民代表大会第一次会议批准成立中国银行业监督管理委员会，作为银行业监管主体，银监会接手中国人民银行对银行业的监管职能，独立负责中国银行业的监管工作。至此，我国金融业分业监管的新架构基本搭建完成。随后，中国的"一行三会"监管主体通过借鉴国际金融业监管的经验，不断完善我国的金融监管制度与方法，并逐步将风险控制作为我国金融业监管的重心，由此，我国进入了以风险控制为主的金融业监管新阶段。

(二)银监会对银行业的监管

2004年《中华人民共和国银行业监督管理法》正式施行，自此，银监会依法履行对全国银行业金融机构及其业务的监督管理的职责，并不断参与完善银行业监管相关法律法规。

2004年至2007年，银监会立足于我国的实际金融环境，逐步构建了具有中国特色的以资本监管为基础的银行业审慎监管框架。

2008年金融危机对我国金融业也造成了一定的冲击。为了降低金融危机对我国银行业的冲击，银监会顺应国际金融业监管的改革潮流，积极构建宏观审慎与微观审慎相结合的监管体系。

2014年以来，银监会进一步深化银行业监管体系改革，通过监管制度的完善，来激励商业银业自觉提高自身的管理能力，提升银行业的经营效率。

经过长期的管制改革探索，到2017年，我国已经形成了较为成熟的银监会组织体系，具体情况如图7-1所示。银监会也形成了一套适合我国银行业健康发展的较为成熟的监管体系。

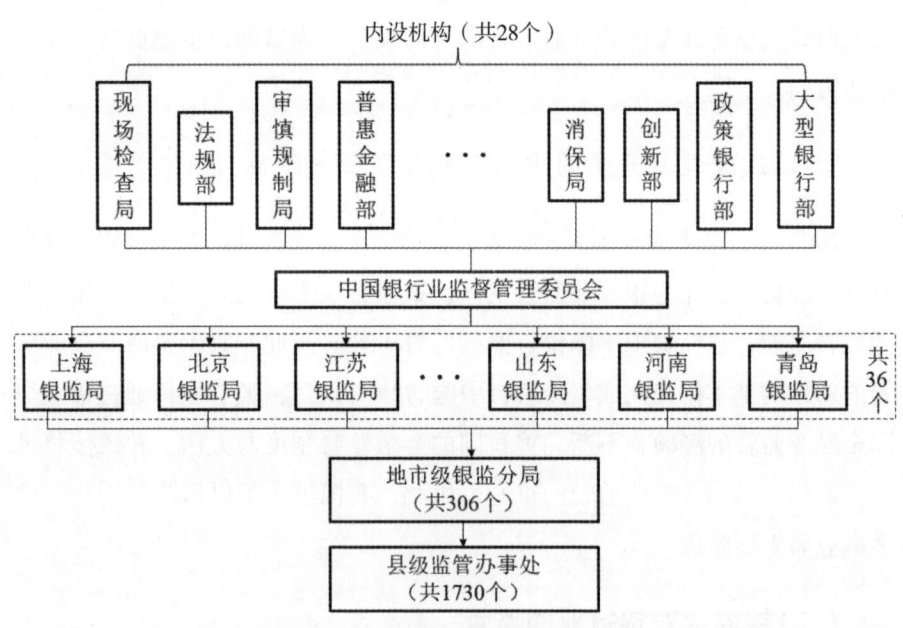

图7-1　2017年中国银监会组织体系

2018年4月8日，为了进一步防范化解金融风险，协调金融监管职能,中国银行保险监督管理委员会(简称银保监会)正式挂牌运行。银行业与保险业均纳入银保监会的监管范围。银保监会的成立与运行有助于我国构建更加完善的现代金融监管框架。

三、我国银行业的市场结构分析

(一) 市场结构的衡量指标

对于银行业竞争性质的确定,市场结构是一个重要的因素,因此分析我国银行业的市场结构,对研究如何提高银行业绩效也有重要意义。市场结构主要包含两个层面的含义:一是指市场的组织特征,主要是衡量市场的垄断或者竞争状态,从竞争的程度来看,通过对市场上存在的厂商的数目、产品的差异化程度、市场的进退壁垒,以及厂商对产品产量和价格的控制程度等方面,可以将市场结构划分为几个类别,反映不同市场结构类型的内在性质。二是指在特定的行业中,对各个市场主体市场占有率的测算,根据其交换商品的属性,衡量厂商在交易中,不同主体所占有的比例关系,来划分市场结构类型。本书主要从财务指标来考察,基于资产、存款、贷款等数据,对市场集中度指数进行实证分析,反映银行之间的相互关系,由此确定银行业市场结构以及其竞争形式。

1. 市场份额

市场份额(Market Shares, MS)指在同一个行业中,某个企业的销售额占总销售额的比重。一般而言,单个企业的市场份额越小,该市场的竞争水平就会比较高。银行业市场份额计算公式为:

$$\mathrm{MS}_d = \frac{某银行存款总额}{国内同期商业银行存款总额} \tag{7-1}$$

$$\mathrm{MS}_t = \frac{某银行贷款总额}{国内同期商业银行贷款总额} \tag{7-2}$$

$$\mathrm{MS}_a = \frac{某银行资产总额}{国内同期商业银行资产总额} \tag{7-3}$$

$$\mathrm{MS}_p = \frac{某银行利润总额}{国内同期商业银行利润总额} \tag{7-4}$$

2. 市场集中度比率

市场集中度比率（Concentration Ratio，CR）是衡量市场竞争和垄断的最常用的指标。通过计算在该行业中，规模最大的前几家企业所占有的市场份额，来衡量这几家企业对市场的控制能力。通常市场集中度比率越高的行业，厂商对市场有更大的控制能力，在这种情况下企业可以合谋，来达到对市场产量或者价格某种程度的控制，以获得垄断利润，破坏市场的竞争秩序。其计算公式为：

$$\mathrm{CR}_n = \sum_{i=1}^{n} X_i \Big/ \sum_{i=1}^{N} X_i \tag{7-5}$$

在式（7-5）中，CR_n 表示市场集中度比率，反映了在某一行业中，规模最大的前 n 家企业所占有的市场份额；$\sum_{i=1}^{N} X_i$ 表示在该行业中，对某一指标而言，所有企业的总值；X_i 表示第 i 家企业的经营数值；n 表示该行业中，规模最大的前几家企业的数目，一般而言，取 $n=4$ 或者 $n=8$。

在对各种不同市场或行业的集中度比率进行实证研究中，以贝恩、植草益为代表的一些学者提出了从卖方的角度来衡量市场集中度比率，以此来划分市场结构的类型，并对其进一步细化，把市场结构分成为不同的竞争型和寡占型等不同等级，具有很大的实用性。其划分依据见表7-1、表7-2。

表 7-1 贝恩对市场结构的划分

类型		CR$_4$	CR$_8$	该产业的企业总数
极高寡占型	A	>75%		20家以内
	B	>75%		2~40家
高集中寡占型		65%~75%	>85%	20~100家

续表

类型	CR_4	CR_8	该产业的企业总数
中(上)集中寡占型	50%~65%	75%~85%	企业数量较多
中(下)集中寡占型	35%~50%	45%~75%	企业数量很多
低集中寡占型	30%~35%	40%~45%	企业数量很多
原子型	<30%		企业数量很多,不存在集中

表 7-2 植草益对市场结构的划分

市场结构		CR_8	产业状况规模(亿日元)	
粗分类	细分类		大规模	小规模
寡占型	极高寡占型	$CR_8 \geq 70\%$	年生产额>200	年生产额<200
	高、中寡占型	$40\% \leq CR_8 < 70\%$	年生产额>200	年生产额<200
竞争型	低集中竞争型	$20\% \leq CR_8 < 40\%$	年生产额>200	年生产额<200
	分散竞争型	$CR_8 < 20\%$	年生产额>200	年生产额<200

3. 赫芬达尔-赫希曼指数

赫芬达尔-赫希曼指数(Herfindahl-Hirschman Index, HHI)测度的是企业在规模上的离散程度。该指数比较综合地测度了产业的集中情况,因为从微观层面上看,其包括单个企业的市场份额;从宏观上看,该指标考虑到了行业总体规模对市场结构的影响。在分析银行业的市场结构时,赫芬达尔-赫希曼指数通常测度银行的存款额、贷款额、资产额、利润总额等指标,用来研究银行业市场的竞争或者垄断情况。其计算公式为:

$$HHI = \sum_{i=1}^{n} \left(\frac{X_i}{X}\right)^2 \times 10000 \qquad (7-6)$$

在式(7-6)中,X_i 为第 i 家银行的存款额、贷款额、资产额或利润额,X 为同一时期对应的银行业总额。在实际应用时,由于市场份额平方后,数值较小,通常乘以10000。对于产业垄断程度的评估,对市场结构进行分类，美国和日本都采用了HHI指数这一标准，并制定了基于HHI值分类的标准，成为比较实用的判别准则。具体如表7-3所示。

表7-3 以HHI值为基准对市场结构的分类表

HHI值	市场结构类型 （美国司法部标准）		市场结构类型 （日本公正交易委员会标准）	
HHI<1000	竞争型		竞争型	
1000≤HHI<1400	寡占型	低集中度	寡占型	低集中度
1400≤HHI<1800		中集中度		
1800≤HHI<3000		高集中度		高集中度
HHI≥3000		极高集中度		

如果市场仅被一家企业垄断，则赫芬达尔-赫希曼指数为1；如果市场上所有企业的规模都是一样的，则该指数为$1/n$。因此HHI指数的范围在$1/n \sim 1$之间。相对于CR指数，HHI指数不仅反映了大企业的市场份额，而且能够反映这些大企业之外的市场结构。在计算过程中，由于对市场份额进行了平方，所以市场份额的变动差异能更明显地反映出来；同时平方的过程也使得规模越大的企业所占的权数就越大，能够更好地衡量大企业对市场结构的影响。在实证分析中，即使那些非常小的企业，由于获取数据的困难，没有纳入研究之内，也不会造成HHI指数的误差过大。

（二）我国银行业市场结构的实证分析

虽然股份制商业银行、城镇商业银行、外资银行等近些年来的发展势头很快，但国有商业银行仍占有绝对的主体地位，出于对数据的获得难度以及代表性等因素的考虑，本书以我国4大国有商业银行（工、农、中、建）和30家规模较大的股份制商业银行作为样本，数据的选取区间为2010—2019年，主要取自《中国金融年鉴》（2011—2020年）所对应年份各家银行的年报。对于银行市场结构的研究，本书综合考察了市场集中度比率、赫芬达尔-赫希曼指数、市场份额等指标,以弥补各种指标之间的不足,使得对商业银行市场结构的反映既直观又全面。

1. 我国银行业的市场集中度比率

表7-4为2010—2019年,我国四大商业银行总资产、存款、贷款、利润指标的市场集中度比率。

表7-4　2010—2019年我国四大商业银行市场各类指标CR_4指数一览表(%)

年度	总资产	存款	贷款	净利润	均值
2010	64.61	65.78	65.16	70.21	66.44
2011	62.75	64.46	64.46	67.07	64.68
2012	60.63	62.98	63.60	65.32	63.13
2013	59.55	61.79	63.16	64.74	62.31
2014	58.21	60.83	62.53	63.92	61.37
2015	56.34	59.83	61.31	62.80	60.07
2016	54.61	59.76	59.87	61.68	58.98
2017	54.87	59.92	58.82	60.72	58.58
2018	55.08	59.64	57.41	60.11	58.06
2019	55.01	58.65	56.45	58.84	57.24
均值	58.17	61.36	61.28	63.54	

数据来源:根据2011—2020年《中国金融年鉴》以及各银行年报整理计算。

根据表7-4中的数据,我国四大商业银行在存贷市场,以及总资产和净利润等指标方面,CR_4指数值的均值都在61%左右,其中,利润的CR_4指数均值最高。在2015年以前,存贷市场以及总资产的CR_4指数值基本上都高于60%,这反映出四大国有商业银行在当时实力非常雄厚,并且在市场中有很高的垄断地位。按照前文的分类,市场结构具有寡头垄断型的特征。从2003年起,中国银行和建设银行等国有独资商业银行逐步进行股份制改革，引入现代化的经营和管理体系，开始进行市场化的运作。随后几年国有银行都开展股份制改革。从动态变化上看，2010—2019年，我国四大商业银行在存贷市场、利润以及总资产规模指标上，CR_4值逐年下降。总资产的CR_4值，从2010年的64.61%，下降到2019年的55.01%，下降了9.60个百分点；存款的CR_4值，从2010年的65.78%，下降到2019年的58.65%，下降了7.13个百分点；贷款的CR_4值，从2010年的65.16%，下降到2019年的56.45%，下降了8.71个百分点；净利润的CR_4值，从2010年的70.21%，下降到2019年的58.84%，下降了11.37个百分点。

这些数据的变化表明，我国四大商业银行的市场集中度呈现下降的趋势，垄断程度在不断降低。按照前文贝恩分类法对市场结构进行的划分，我国银行业的市场结构，已经从高集中寡占型，向中（上）集中寡占型转变。这在一定程度上说明，国有银行的股份制改革，对市场结构产生了重要的影响，高集中寡占型的市场结构状况有所动摇，整个市场的竞争程度也在逐步增强。但是，从总体上看，尤其是利润方面，国有银行的垄断程度还是比较高的。

2. 我国银行业的HHI指数

表7-5为2010—2019年，我国各大商业银行总资产、存款、贷款、利润指标的HHI指数一览表。

表7-5　2010—2019年我国商业银行市场各类指标HHI指数一览表

年度	总资产	存款	贷款	净利润	均值
2010	1168	1213	1186	1369	1234
2011	1118	1173	1166	1272	1182
2012	1065	1138	1142	1217	1140
2013	1036	1103	1130	1193	1115
2014	999	1074	1109	1163	1086

续表

年度	总资产	存款	贷款	净利润	均值
2015	952	1045	1075	1129	1050
2016	912	1041	1040	1094	1022
2017	915	1047	1011	1069	1011
2018	917	1043	973	1053	996
2019	913	1017	948	1021	975
均值	1000	1089	1078	1158	

数据来源：根据 2011—2020 年《中国金融年鉴》以及各银行年报整理计算。

从表 7-5 中可知，从 2010 年到 2019 年，在存款、贷款、总资产和净利润上，HHI 指数值都是逐年下降的。其中，总资产的 HHI 指数值，从 2010 年的 1168，下降到 2019 年的 913，下降了 21.8%；存款的 HHI 指数值，从 2010 年的 1213，下降到 2019 年的 1017，下降了 16.2%；贷款的 HHI 指数值，从 2010 年的 1186，下降到 2019 年的 948，下降了 20.1%；净利润的 HHI 指数值，从 2010 年的 1369，下降到 2019 年的 1021，下降了 25.4%。按照前文表 7-3 对市场结构的分类，我国商业银行的市场结构，已从低集中寡占型，向竞争型转变。这些指标反映银行业市场的寡占型集中程度在降低，依旧在低集中度寡占型徘徊，慢慢趋向于竞争型市场结构。

3. 我国银行业的市场份额

表 7-6、表 7-7、表 7-8 分别为 2010—2019 年，我国各大商业银行的总资产、存款、贷款市场份额一览表。

表 7-6　2010—2019 年我国商业银行总资产市场份额一览表 (%)

银行名称	2010	2011	2012	2013	2014	2015	2016	2017	2018	2019
工商银行	19.29	18.94	18.52	17.96	17.49	16.65	15.92	16.13	16.09	16.05
建设银行	15.50	15.03	14.75	14.59	14.21	13.75	13.82	13.68	13.49	13.56

续表

银行名称	2010	2011	2012	2013	2014	2015	2016	2017	2018	2019
中国银行	14.99	14.48	13.39	13.17	12.95	12.60	11.97	12.04	12.36	12.14
农业银行	14.82	14.29	13.98	13.83	13.56	13.34	12.90	13.02	13.14	13.26
交通银行	5.66	5.64	5.57	5.66	5.32	5.36	5.54	5.59	5.54	5.28
邮储银行	4.86	5.03	5.18	5.29	5.35	5.47	5.45	5.57	5.53	5.45
招商银行	3.44	3.42	3.60	3.81	4.02	4.10	3.92	3.89	3.92	3.95
浦发银行	3.14	3.29	3.32	3.49	3.56	3.78	3.86	3.80	3.65	3.73
中信银行	2.98	3.39	3.12	3.46	3.51	3.84	3.91	3.51	3.52	3.60
兴业银行	2.65	2.95	3.43	3.49	3.74	3.97	4.01	3.97	3.90	3.81
民生银行	2.61	2.73	3.39	3.06	3.41	3.39	3.89	3.65	3.48	3.56
光大银行	2.13	2.12	2.41	2.29	2.32	2.37	2.65	2.53	2.53	2.52
华夏银行	1.49	1.52	1.57	1.59	1.57	1.51	1.55	1.55	1.56	1.61
北京银行	1.05	1.17	1.18	1.27	1.29	1.38	1.40	1.44	1.49	1.46
平安银行	1.04	1.54	1.70	1.80	1.86	1.88	1.95	2.01	1.99	2.10
上海银行	0.81	0.80	0.86	0.93	1.01	1.09	1.16	1.12	1.18	1.19
江苏银行	0.62	0.63	0.69	0.73	0.88	0.97	1.05	1.09	1.12	1.10
渝农商行	0.41	0.42	0.46	0.48	0.52	0.54	0.53	0.56	0.55	0.55
宁波银行	0.38	0.32	0.39	0.44	0.47	0.54	0.58	0.64	0.65	0.70
南京银行	0.32	0.34	0.36	0.41	0.49	0.60	0.70	0.71	0.72	0.72
杭州银行	0.31	0.30	0.34	0.32	0.36	0.41	0.48	0.52	0.54	0.55
浙商银行	0.31	0.37	0.42	0.46	0.57	0.77	0.89	0.95	0.96	0.96
成都银行	0.22	0.22	0.25	0.25	0.25	0.24	0.24	0.27	0.29	0.30
长沙银行	0.12	0.15	0.17	0.18	0.18	0.21	0.25	0.29	0.31	0.32
西安银行	0.12	0.13	0.13	0.13	0.13	0.16	0.14	0.14	0.14	0.15
贵阳银行	0.09	0.10	0.11	0.12	0.13	0.18	0.25	0.29	0.29	0.30
青岛银行	0.09	0.09	0.11	0.13	0.13	0.14	0.18	0.19	0.18	0.20

续表

银行名称	2010	2011	2012	2013	2014	2015	2016	2017	2018	2019
郑州银行	0.08	0.09	0.11	0.14	0.17	0.20	0.24	0.27	0.27	0.27
紫金银行	0.08	0.07	0.05	0.06	0.06	0.08	0.09	0.11	0.11	0.11
苏州银行	0.08	0.10	0.14	0.16	0.17	0.17	0.17	0.18	0.18	0.18
江阴银行	0.08	0.07	0.08	0.07	0.07	0.07	0.07	0.07	0.07	0.07
张家港行	0.08	0.09	0.08	0.07	0.06	0.06	0.06	0.06	0.07	0.07
常熟银行	0.07	0.09	0.08	0.08	0.09	0.08	0.09	0.09	0.10	0.10
无锡银行	0.07	0.07	0.08	0.08	0.09	0.09	0.08	0.08	0.09	0.09

数据来源：根据 2011—2020 年《中国金融年鉴》以及各银行年报整理计算。

表 7-7　2010—2019 年我国商业银行存款市场份额一览表（%）

银行名称	2010	2011	2012	2013	2014	2015	2016	2017	2018	2019
工商银行	20.01	19.42	19.09	18.53	18.24	17.64	17.40	17.61	18.15	17.82
建设银行	16.29	15.82	15.87	15.49	15.13	14.81	15.04	14.98	14.35	14.23
农业银行	15.95	15.24	15.20	14.97	14.70	14.67	14.68	14.83	14.53	14.35
中国银行	13.53	13.97	12.83	12.80	12.77	12.71	12.63	12.51	12.61	12.26
邮储银行	5.81	6.20	6.52	6.60	6.81	6.83	7.11	7.38	7.31	7.30
交通银行	5.15	5.20	5.22	5.27	4.73	4.86	4.62	4.51	4.85	4.70
招商银行	3.41	3.52	3.54	3.52	3.88	3.87	3.71	3.72	3.73	3.80
中信银行	3.11	3.12	3.15	3.36	3.34	3.45	3.55	3.12	3.07	3.16
浦发银行	2.94	2.93	2.99	3.07	3.19	3.20	2.93	2.78	2.74	2.84
民生银行	2.54	2.61	2.69	2.72	2.85	2.96	3.01	2.72	2.68	2.82
兴业银行	2.03	2.13	2.54	2.75	2.66	2.69	2.63	2.83	2.80	2.94
光大银行	1.85	1.87	2.00	2.03	2.09	2.16	2.07	2.08	2.18	2.34
华夏银行	1.38	1.42	1.45	1.49	1.53	1.46	1.34	1.31	1.26	1.30
平安银行	1.01	1.35	1.43	1.54	1.80	1.88	1.88	1.83	1.80	1.91

续表

银行名称	2010	2011	2012	2013	2014	2015	2016	2017	2018	2019
北京银行	1.00	0.97	1.00	1.06	1.08	1.11	1.12	1.16	1.17	1.20
上海银行	0.74	0.74	0.76	0.79	0.85	0.86	0.83	0.85	0.88	0.93
江苏银行	0.65	0.69	0.75	0.76	0.80	0.84	0.89	0.92	0.93	0.93
渝农商行	0.37	0.39	0.41	0.44	0.48	0.51	0.51	0.52	0.52	0.53
浙商银行	0.28	0.34	0.37	0.41	0.43	0.56	0.72	0.79	0.82	0.89
杭州银行	0.27	0.29	0.31	0.32	0.33	0.34	0.36	0.41	0.45	0.48
宁波银行	0.26	0.28	0.29	0.32	0.36	0.39	0.50	0.52	0.55	0.60
南京银行	0.25	0.26	0.30	0.33	0.43	0.55	0.64	0.66	0.65	0.67
成都银行	0.22	0.21	0.23	0.25	0.26	0.26	0.26	0.29	0.30	0.30
长沙银行	0.12	0.14	0.16	0.17	0.19	0.21	0.27	0.31	0.29	0.30
西安银行	0.11	0.12	0.13	0.13	0.13	0.13	0.13	0.13	0.13	0.13
贵阳银行	0.10	0.11	0.12	0.14	0.15	0.20	0.26	0.27	0.26	0.26
青岛银行	0.09	0.10	0.10	0.12	0.12	0.12	0.14	0.15	0.15	0.17
郑州银行	0.08	0.09	0.10	0.13	0.16	0.18	0.21	0.23	0.22	0.23
常熟银行	0.08	0.08	0.08	0.08	0.09	0.09	0.09	0.09	0.10	0.11
江阴银行	0.08	0.08	0.07	0.07	0.07	0.07	0.07	0.07	0.07	0.07
紫金银行	0.08	0.08	0.06	0.06	0.07	0.08	0.08	0.09	0.10	0.10
无锡银行	0.08	0.07	0.08	0.09	0.09	0.09	0.09	0.10	0.10	0.10
苏州银行	0.07	0.08	0.10	0.12	0.15	0.14	0.15	0.15	0.16	0.17
张家港行	0.07	0.07	0.06	0.07	0.06	0.06	0.06	0.06	0.07	0.07

数据来源：根据2011—2020年《中国金融年鉴》以及各银行年报整理计算。

表7-8 2010—2019年我国商业银行贷款市场份额一览表(%)

银行名称	2010	2011	2012	2013	2014	2015	2016	2017	2018	2019
工商银行	19.17	19.12	18.91	18.79	18.59	18.08	17.56	17.17	16.73	16.28

续表

银行名称	2010	2011	2012	2013	2014	2015	2016	2017	2018	2019
建设银行	16.01	15.95	16.13	16.27	15.98	15.89	15.82	15.57	14.92	14.56
中国银行	15.98	15.57	14.74	14.41	14.30	13.84	13.42	13.15	12.83	12.66
农业银行	13.99	13.82	13.82	13.68	13.66	13.50	13.07	12.93	12.93	12.95
交通银行	6.32	6.29	6.33	6.19	5.79	5.64	5.52	5.38	5.27	5.15
招商银行	4.04	4.03	4.09	4.16	4.24	4.28	4.39	4.30	4.27	4.36
中信银行	3.57	3.52	3.57	3.68	3.69	3.83	3.87	3.86	3.92	3.88
浦发银行	3.24	3.27	3.32	3.35	3.42	3.40	3.72	3.85	3.85	3.86
民生银行	2.99	2.96	2.97	2.98	3.06	3.10	3.31	3.38	3.32	3.39
兴业银行	2.41	2.41	2.64	2.57	2.69	2.70	2.80	2.93	3.18	3.34
邮储银行	2.41	2.59	2.64	2.83	3.16	3.75	4.05	4.38	4.64	4.83
光大银行	2.20	2.19	2.20	2.21	2.19	2.29	2.41	2.45	2.63	2.63
华夏银行	1.49	1.50	1.55	1.56	1.59	1.62	1.64	1.68	1.75	1.82
平安银行	1.15	1.52	1.55	1.60	1.73	1.84	1.99	2.06	2.17	2.26
北京银行	0.95	1.00	1.07	1.11	1.14	1.17	1.21	1.30	1.37	1.41
上海银行	0.84	0.82	0.84	0.84	0.82	0.81	0.75	0.80	0.92	0.94
江苏银行	0.68	0.71	0.76	0.78	0.82	0.85	0.87	0.90	0.96	1.01
渝农商行	0.34	0.35	0.37	0.39	0.41	0.41	0.40	0.41	0.41	0.42
浙商银行	0.32	0.37	0.39	0.41	0.44	0.52	0.62	0.81	0.94	1.00
杭州银行	0.30	0.31	0.33	0.33	0.33	0.33	0.33	0.34	0.38	0.40
宁波银行	0.29	0.30	0.31	0.32	0.35	0.39	0.41	0.42	0.47	0.51
南京银行	0.24	0.25	0.27	0.28	0.29	0.38	0.45	0.47	0.52	0.55
成都银行	0.19	0.20	0.20	0.21	0.21	0.20	0.18	0.18	0.20	0.22
西安银行	0.11	0.11	0.11	0.12	0.12	0.13	0.13	0.14	0.14	0.15
长沙银行	0.10	0.10	0.10	0.11	0.12	0.14	0.16	0.19	0.22	0.25
贵阳银行	0.09	0.09	0.10	0.11	0.12	0.13	0.14	0.15	0.18	0.20

续表

银行名称	2010	2011	2012	2013	2014	2015	2016	2017	2018	2019
江阴银行	0.09	0.09	0.08	0.08	0.08	0.08	0.07	0.07	0.07	0.07
无锡银行	0.08	0.08	0.08	0.08	0.09	0.08	0.08	0.08	0.08	0.08
青岛银行	0.08	0.08	0.10	0.11	0.11	0.11	0.12	0.12	0.14	0.17
紫金银行	0.08	0.08	0.07	0.07	0.07	0.08	0.08	0.09	0.09	0.10
郑州银行	0.08	0.09	0.11	0.12	0.13	0.14	0.15	0.15	0.17	0.19
常熟银行	0.08	0.08	0.08	0.08	0.09	0.09	0.09	0.10	0.10	0.11
苏州银行	0.06	0.08	0.09	0.10	0.12	0.14	0.14	0.14	0.15	0.16
张家港行	0.06	0.07	0.07	0.07	0.06	0.06	0.06	0.06	0.07	0.07

数据来源：根据2011—2020年《中国金融年鉴》以及各银行年报整理计算。

由表7-6可以看出，一直以来，中国工商银行在银行业总资产中所占的份额都是最大的，2019年占比16.05%，另外三家国有商业银行即中国银行、中国农业银行、中国建设银行也都占有较大的市场份额，2019年这四家国有商业银行的总资产份额总和达到55.01%。自2010年以来，国有商业银行的总资产市场份额开始逐步下降，股份制银行的总资产市场份额呈现出明显的增长趋势。由表7-7、表7-8可以看出，在存款、贷款市场上，一直以来，中国工商银行的份额也是最大的。2019年存款、贷款市场份额，分别为17.82%、16.28%，四家国有商业银行的存款、贷款市场份额总和分别为58.66%、56.45%。2010—2019年间，最初国有商业银行占有极高的垄断地位，随后垄断地位逐步下降。其中，2010—2019年间，中国工商银行总资产市场份额和贷款市场份额降幅最大，分别下降16.80%和15.08%；建设银行的存款市场份额下降幅度最大，为12.65%。

4. 我国银行业市场结构形成的原因

从上述实证分析结果可知，随着四大国有商业银行逐步完成股份制改革，市场结构有所改善，但是四大国有商业银行的市场集中度仍然很高，与竞争市场还有一定的差距。经分析，形成这种市场结构的主要原因有以下几个方面：

(1)行政垄断因素

形成这种垄断结构的主要原因，是在银行业的发展过程中政府的干预和早期的计划经济体制。在我国经济向市场经济转轨的过程中，四大国有商业银行具有很大的优势。国有银行在进行经济建设的过程中，担任着财政部门为国家积累资金的重要角色。在银行的经营过程中，国有商业银行拥有重要的商誉资源，并且其资本状况也远优于其他股份制银行。此外，国有银行规模不断进行扩张，但是其他商业银行的扩张却受到了比较严格的限制。所以相对于股份制商业银行，在资产、存贷规模、分支机构数量等方面，国有商业银行都占有绝对的优势，而在各类股份制商业银行的设立和经营过程中，政府很大程度上存在干预行为。

(2)行业属性因素

银行市场结构寡头垄断的形成，也受银行的行业特性和产品属性的影响。银行的业务规模越大，每一单位资产所分摊的固定成本就会越小，银行扩大业务的边际成本也就呈递减的状态。实践证明，相对于普通工商企业，银行更容易形成规模经济。此时在产品和服务成本上，同产业内已存在的银行相比，那些试图进入，或者刚刚进入的新兴银行竞争力很弱。此外，在产品的差异化方面，相较于发达国家，我国银行业存在明显的不足，产品和服务同质化严重，产品差异性对市场结构产生的影响被弱化。

(3)进入退出壁垒

目前，政策法律壁垒是银行业存在的最主要的进入壁垒。相较于其他行业，商业银行的进退存在着十分严格的审批制度，无论是在注册资本、机构的设立、许可证制度安排、还是结算系统等方面，要求都很高。对于外资银行而言，这些要求就更为严格。这些政策法律法规导致了银行业市场有很高的市场进入壁垒。在银行的退出方面，同样存在着许多行政政策和法律法规等方面的退出壁垒。在银行发生巨额亏损时，尤其是国有银行，并不会面临着破产的风险。商业银行的退出模式主要是被动接管，或者关闭,从实质上来说,就是业务托管或者行政关闭等这样的行政处理手段,这在一定程度上降低了银行业的经营效益,增加了金融风险。

四、我国银行业市场绩效的实证分析

(一) 银行业市场绩效衡量指标

绩效是对经济主体经营效率,以及其实现特定目标,包括平等、创新和增长等方面的评价。银行业的市场绩效是指,在一定的市场结构的基础上,银行所实现的最终经济目标的程度。其通常可以采用利润率指标和效率指标等来衡量。

1. 利润率指标

学界一般采用资产收益率(ROA)、资本收益率(ROE)、净利息边际收入和非利息收入等指标,来测度银行业的利润率水平。银行的净利息边际收入是由其所得利息和所付利息之差除以资产总额,是银行对存贷款定价能力的反映。当银行对提供的产品和服务,实行的是非竞争定价方式,那么此时就存在比较高的净利息边际收入。对于我国银行而言,之前国家对利息水平的确定存在很大的干预,因此不选择该指标来考察市场绩效。非利息收入是指除了利息收入之外的其他收入,目前我国商业银行的主要业务仍然是存贷款业务,所以非利息收入也不能很好地衡量银行的利润水平。对市场绩效的衡量,本书选用资产收益率(ROA)和资本收益率(ROE)作为考核指标。ROA 反映了银行将资产转为净利润的能力,体现出银行的管理效率水平。ROE 则是通过计算股东投资的资本所得到的净利润,反映了股东的收益率水平,同时也是衡量银行业绩效优劣的一个重要标志。

2. 效率指标

银行所经营的是"货币"这一特殊的商品,作为企业同样也应追求利润

四、我国银行业市场绩效的实证分析

最大化。效率是银行在业务活动中，投入与产出的对比关系，是对银行投入最小化，或者产出最大化实现程度的衡量，反映的是银行在保证盈利性、流动性和安全性的基础上，配置劳动力、资本等资源，推动社会经济发展的能力。效率可以细化为规模效率、综合效率和范围效率。效率分析的测度方法主要有两种：一是非参数化方法，主要有数据包络分析法（Data Envelopment Analysis，DEA）、无界分析法（Free Disposal Hull，DFH）；二是参数化方法，主要有随机前沿法（Stochastic Frontier Analysis，SFA）、自由分布法（Distribution Free Analysis，DFA）等。

由于效率指标对于数据的要求比较严格，考虑到数据的可获得性，基于研究目的，本书使用资产收益率（ROA）和资本收益率（ROE），作为衡量银行业的绩效指标。

(二) 我国银行业市场绩效实证分析

1. 银行业市场利润率

表7-9为2010—2019年，我国商业银行资产收益率（ROA）一览表。

表7-9 2010—2019年我国商业银行资产收益率（ROA）一览表（%）

银行名称	2010	2011	2012	2013	2014	2015	2016	2017	2018	2019
工商银行	1.32	1.44	1.45	1.44	1.40	1.30	1.20	1.14	1.11	1.08
建设银行	1.32	1.47	1.47	1.47	1.42	1.30	1.18	1.13	1.13	1.11
农业银行	0.99	1.11	1.16	1.20	1.18	1.07	0.99	0.95	0.93	0.90
中国银行	1.14	1.17	1.19	1.23	1.22	1.12	1.05	0.98	0.94	0.92
四大国有银行均值	1.19	1.30	1.32	1.34	1.31	1.20	1.11	1.05	1.03	1.01
邮储银行	0.34	0.62	0.63	0.57	0.55	0.51	0.51	0.55	0.57	0.62
交通银行	1.08	1.19	1.18	1.11	1.08	1.00	0.87	0.81	0.80	0.80
招商银行	1.15	1.39	1.46	1.39	1.28	1.14	1.09	1.15	1.24	1.32

续表

银行名称	2010	2011	2012	2013	2014	2015	2016	2017	2018	2019
兴业银行	1.16	1.20	1.23	1.20	1.18	1.04	0.95	0.92	0.93	0.96
浦发银行	1.01	1.12	1.18	1.21	1.20	1.10	0.98	0.92	0.91	0.90
中信银行	1.13	1.27	1.10	1.20	1.07	0.90	0.76	0.74	0.77	0.76
民生银行	1.09	1.40	1.41	1.34	1.26	1.10	0.94	0.86	0.85	0.87
光大银行	0.95	1.12	1.18	1.14	1.12	1.00	0.85	0.78	0.80	0.82
平安银行	0.96	1.05	0.94	0.87	0.97	0.93	0.83	0.75	0.74	0.77
华夏银行	0.64	0.81	0.94	0.98	1.02	0.98	0.90	0.82	0.81	0.78
北京银行	1.07	1.06	1.13	1.10	1.09	1.00	0.90	0.85	0.82	0.81
上海银行	0.97	0.95	1.02	1.04	1.05	0.99	0.89	0.86	0.94	0.95
江苏银行	1.10	1.24	1.21	1.16	0.97	0.82	0.74	0.71	0.72	0.75
浙商银行	0.86	1.10	1.16	1.11	0.88	0.83	0.85	0.76	0.73	0.76
南京银行	1.25	1.29	1.29	1.16	1.12	1.03	0.89	0.89	0.94	0.97
宁波银行	1.09	1.24	1.28	1.15	1.11	1.03	0.98	0.98	1.04	1.13
渝农商行	1.26	1.35	1.38	1.28	1.22	1.08	1.05	1.05	0.99	1.01
杭州银行	1.04	1.17	1.25	1.14	0.93	0.77	0.63	0.59	0.62	0.68
长沙银行	1.18	1.37	1.36	1.25	1.19	1.10	0.97	0.93	0.92	0.93
贵阳银行	1.45	1.59	1.73	1.59	1.76	1.64	1.21	1.10	1.08	1.13
成都银行	1.27	1.44	1.21	1.19	1.27	0.91	0.76	0.98	1.00	1.06
郑州银行	1.26	1.47	1.67	1.50	1.39	1.43	1.28	1.08	0.69	0.70
青岛银行	0.97	1.06	1.03	0.96	1.02	1.06	0.90	0.65	0.66	0.68
苏州银行	1.19	1.51	1.31	1.11	0.98	0.85	0.81	0.79	0.78	0.80
西安银行	1.15	1.18	1.30	1.28	1.27	1.10	0.94	0.93	0.99	1.03
紫金银行	0.75	0.81	0.87	1.05	1.31	0.94	0.88	0.75	0.69	0.72
常熟银行	1.10	1.29	1.22	1.26	1.08	0.93	0.88	0.96	1.01	1.08
无锡银行	0.85	1.39	1.31	1.19	0.97	0.74	0.74	0.76	0.74	0.79
江阴银行	1.82	1.65	1.54	1.37	1.07	0.94	0.79	0.71	0.70	0.84
张家港行	1.61	1.50	1.43	1.43	1.00	0.88	0.81	0.78	0.76	0.79

续表

银行名称	2010	2011	2012	2013	2014	2015	2016	2017	2018	2019
股份制商业银行均值	1.09	1.23	1.23	1.18	1.11	0.99	0.89	0.85	0.84	0.87
均值	1.10	1.24	1.24	1.20	1.14	1.02	0.91	0.87	0.86	0.89

数据来源：根据2011—2020年《中国金融年鉴》以及各银行年报整理计算。

由表7-9可以看出，我国银行的资产收益率水平仍然偏低。到2019年，我国34家市场份额最大的商业银行，资产收益率平均水平为0.89%。其中，四大国有商业银行2019年的ROA均值为1.01%；股份制商业银行2019年的ROA均值为0.87%。

从动态来看，资产收益率呈现出自2010年到2012年有较小幅度的上升然后逐步下降的趋势。银行业平均资产收益率，从2010年的1.10%，随着银行业市场改革效应的显现，以及四大国有商业银行产权改革的深化，银行业资产收益率呈快速上升的趋势，均值上升到2012年的1.24%，随后逐步下降到0.89%。其中，四大国有商业银行资本收益率均值，从2010年的1.19%，上升到2013年的1.34%，后下降到1.01%；30家股份制商业银行资本收益率均值，从2010年的1.09%，上升到2012年的1.23%，随后下降至0.87%。

表7-10为2010—2019年，我国商业银行资本收益率(ROE)一览表。

表7-10 2010—2019年我国商业银行资本收益率(ROE)一览表(%)

银行名称	2010	2011	2012	2013	2014	2015	2016	2017	2018	2019
工商银行	36.57	44.01	50.06	56.10	57.69	55.17	54.90	56.54	58.76	61.82
建设银行	37.05	43.61	50.06	57.02	60.75	59.45	60.40	63.35	66.47	70.01
农业银行	27.67	28.82	34.25	39.28	42.38	42.68	43.45	45.60	42.79	40.67
中国银行	29.92	32.74	36.38	40.99	43.40	42.02	42.27	42.40	44.10	46.58

续表

银行名称	2010	2011	2012	2013	2014	2015	2016	2017	2018	2019
四大国有银行均值	32.80	37.30	42.69	48.35	51.06	49.83	50.26	51.97	53.03	54.77
邮储银行	27.78	49.83	55.94	60.24	59.79	41.99	30.46	30.65	33.65	35.97
交通银行	35.69	39.73	36.85	33.82	35.65	35.60	36.05	37.64	39.47	41.54
招商银行	54.22	61.75	76.50	70.73	60.43	62.56	67.26	76.17	87.14	100.73
兴业银行	60.87	65.89	68.62	62.59	67.98	72.45	77.71	69.69	63.94	69.67
浦发银行	36.14	36.19	43.87	53.98	61.62	64.32	61.14	53.04	50.86	53.55
中信银行	31.04	37.06	32.59	42.34	44.19	40.99	38.85	39.80	42.05	45.40
民生银行	28.31	43.94	55.27	58.33	56.36	50.74	48.19	50.30	49.71	54.26
光大银行	25.54	29.87	38.89	39.44	36.42	36.95	37.96	33.98	31.81	35.31
平安银行	46.63	32.73	29.40	28.60	31.70	31.84	30.69	31.49	33.70	32.43
华夏银行	31.02	31.41	32.56	40.42	46.74	48.04	50.08	50.53	38.82	32.20
北京银行	30.59	40.64	41.17	40.92	43.69	44.73	44.67	35.47	30.97	33.20
上海银行	80.78	72.00	92.01	86.38	65.70	55.58	46.17	42.30	49.83	56.08
江苏银行	34.06	41.58	50.09	47.74	42.70	46.34	44.22	43.51	48.02	54.09
浙商银行	15.03	19.08	26.93	29.80	28.20	30.76	30.96	28.92	29.35	27.92
南京银行	21.76	24.22	30.22	34.02	42.45	40.88	39.27	45.91	52.05	57.85
宁波银行	27.14	30.15	37.57	46.54	45.77	47.42	56.49	67.56	74.12	67.53
渝农商行	25.65	23.80	29.09	32.62	36.82	39.07	43.25	43.94	41.28	37.21
杭州银行	29.03	40.63	53.93	59.87	47.75	39.41	32.71	32.51	38.66	47.14
长沙银行	44.78	52.73	68.89	74.34	62.51	48.41	48.81	59.66	57.21	56.41
贵阳银行	35.73	42.02	53.85	64.10	85.79	106.41	72.29	64.07	73.02	83.76
成都银行	22.36	33.08	34.99	41.09	49.05	38.78	35.51	53.79	54.61	56.88
郑州银行	42.16	34.42	35.96	47.10	61.29	56.99	50.13	51.73	31.87	30.43
青岛银行	15.45	16.96	17.19	21.50	28.18	22.64	19.34	17.49	18.77	19.68
苏州银行	8.13	9.04	11.89	14.07	15.43	15.67	17.16	18.56	19.98	20.29
西安银行	27.50	36.06	48.43	53.13	57.78	43.04	32.82	34.25	38.57	37.54

续表

银行名称	2010	2011	2012	2013	2014	2015	2016	2017	2018	2019
紫金银行	30.26	23.77	18.10	21.41	30.65	27.94	24.50	20.63	20.63	21.35
常熟银行	29.41	40.02	43.87	49.83	50.08	49.10	42.84	45.30	52.25	41.59
无锡银行	17.17	36.14	42.68	45.84	45.14	40.28	36.38	35.30	38.37	44.65
江阴银行	96.53	80.76	88.00	84.78	66.13	56.46	37.61	30.54	31.43	36.27
张家港行	48.31	65.30	60.51	53.17	37.18	35.11	35.87	32.70	30.58	35.11
股份制商业银行均值	35.30	39.69	45.20	47.96	48.11	45.68	42.31	42.58	43.42	45.53
均值	34.95	39.35	44.84	48.01	48.53	46.28	43.45	43.92	44.80	46.85

数据来源：根据 2011—2020 年《中国金融年鉴》以及各银行年报整理计算。

根据表 7-10 中的数据，2019 年，我国 34 家商业银行的 ROE 平均水平为 46.85%，其中，四大国有商业银行的 ROE 均值为 54.77%，30 家股份制商业银行 2019 年的 ROE 均值为 45.53%，低于四大国有商业银行。

从动态变化来看，ROE 与 ROA 总体上呈现大致相同的趋势，先上升后下降。不同的是，我国四大国有商业银行 ROE 在 2010 到 2019 年期间总体上呈现稳步上升趋势。我国银行业的 ROE 均值，从 2010 年的 34.95%，上升到 2014 年的 48.53%，随后下降到 2019 年的 46.85%。其中，四大国有商业银行 ROE 均值，从 2010 年的 32.80%，上升到 2019 年的 54.77%；30 家股份制商业银行 ROE 均值，从 2010 年的 35.30%，上升到 2014 年的 48.11%，后下降到 2019 年 45.53%。

综合以上两个指标，也可以发现，30 家股份制商行之间的市场绩效水平也存在着比较大的差异。从总体上看，四大国有商业银行的资产收益率要高于股份制商业银行。但值得说明的是，股份制商业银行扩张程度要小于四大国有商业银行，而四大国有商业银行早在 2010 年之前，基本完成市场规模的扩张。这就导致在计算 ROA 时，股份制商业银行的分母增长速度更快。

2. 银行业市场绩效实证分析结果

综合上述分析，商业银行的整体绩效在2013年以前有所提升，在近些年慢慢趋于稳定，但是仍有较大的上升空间，相对于四大国有商业银行，股份制商业银行的上升空间较大。其原因主要有以下几个方面：

(1) 经济体制因素

由于长期受到计划经济的影响，政府对商业银行的规制措施，一直非常严格，在市场准入方面也严格限制。银行业乃至整个金融业，都控制在国家的手中，市场上潜在的竞争对手很难进入，由此导致银行业出现寡头垄断的市场结构特征，破坏了银行业市场的竞争机制。2003年后，银行业改革逐步推进，政府开始渐渐放松对银行业的规制，市场上从业银行数量开始逐步增多，出现了多种产权性质、规模不同的银行，银行业的市场结构逐步由寡头垄断，转变为垄断竞争。市场竞争度的提高，也促使银行不断改善治理结构。股份制商业银行和中小银行的发展和逐渐壮大，有利于为民营企业，以及中小企业提供更加便利的融资渠道，促进非国有经济的快速稳定发展。但是在现实背景下，相较于股份制商业银行，国有商业银行利润指标压力通常比较小，而且在长期的行政管理体制下，内控制度比较乏力，没有降低成本的压力，所以整体经营效率偏低，绩效也不佳。

(2) 内部管理因素

国有商业银行的绩效比较低，也有其经营管理不善的因素。在机构的设置方面，国有商业银行往往按照行政原则设置分支机构，组织规模比较庞大，存在机构臃肿、管理层次过多等问题，这也就导致了国有商业银行的管理成本过高，经营效率比较低。在业务经营方面，一直以来，国有商业银行充当着国库出纳的重要角色，信贷和收支计划都被纳入国家的综合计划之中。所有国有商业银行往往重视数量和规模的扩张，对自主经营和绩效重视不够。从其产生和发展的过程来看，在经济体系从计划经济向市场经济转轨的过程中，四大国有商业银行一直处于金融管制之下，金融产品比较单一，经营的范围也很狭窄，主营存贷款业务，中间业务欠发达，贷款在银行的资产中占有很大的比重，抵御风险的能力不强。

（3）外部环境因素

对国有商业银行而言，其经营绩效与国有企业的整体效益密切相关。如果国有企业的运行效率整体来说比较低，那么，它们的亏损有一部分会转嫁到国有商业银行身上，一方面使国有商业银行难以及时地收回贷款本息，加大了损失；另一方面资金也无法合理流动，增大了信贷资产的风险，给银行带来了沉重的包袱。尤其是在2008年以后，受全球金融危机的影响，为了防范金融风险，中央银行加强了对银行资产质量的监管，加上国家对房地产市场的宏观调控政策，国有商业银行进一步提高了贷款的标准和条件，这也在一定程度上减少了银行的获利机会。

综上所述，我国商业银行的寡头垄断的市场结构，并不是市场竞争力量自发形成的结果，而是由于过去的计划经济体制和政府管制政策所致，这在一定程度上造成了国有商业银行虽然拥有高集中度的市场地位，和巨大规模的市场份额，但存在规模经济不强、经营管理体制不完善、运行绩效不高等问题。

五、我国银行业市场结构与绩效关系的实证分析

本书选取34家商业银行在2010—2019年间的面板数据，在前两章研究的基础上，现对我国银行业市场结构与绩效的关系进行实证分析。

（一）变量选择

我们采用回归分析，研究银行业市场结构与绩效关系，主要设置以下变量：

（1）因变量：市场绩效，数据来源于前文测算的银行ROA、ROE指标。

（2）自变量：市场结构，采用了银行业市场集中度比率CR_4、赫芬达尔-赫希曼指数HHI、市场份额MS均值。

(3)控制变量:考虑到我国商业银行的实际情况,以及数据的可获得性,此处的控制变量,选择了资本与资产比率(Capital Asset Rate,CAR)。银行的资本与全部资产的比率越高,说明银行的自有资本越充足,隐含抵御风险的能力也就越高。由于银行的损失主要是资产,所以 CAR 指标可以用来反映银行自有资本的情况,以及银行承担风险的能力。表 7-11 为我国商业银行在 2010—2019 年间资本与资产比率(CAR)的具体数据。

表 7-11 我国商业银行 2010—2019 年资本与资产比率(CAR)一览表(%)

银行名称	2010	2011	2012	2013	2014	2015	2016	2017	2018	2019
工商银行	3.51	3.07	2.73	2.43	2.42	2.29	2.11	1.95	1.84	1.68
建设银行	3.62	3.14	2.78	2.38	2.30	2.10	1.83	1.74	1.66	1.51
农业银行	4.08	3.64	3.19	2.91	2.65	2.38	2.16	2.01	2.32	2.10
中国银行	3.81	3.37	3.17	2.86	2.75	2.58	2.40	2.24	2.05	1.89
邮储银行	1.21	1.25	1.02	0.87	0.96	1.45	1.88	1.73	1.64	1.80
交通银行	3.17	2.83	3.54	3.07	3.00	2.62	2.23	2.08	1.97	1.90
招商银行	2.40	2.12	1.73	2.17	1.96	1.69	1.56	1.47	1.37	1.25
兴业银行	2.09	1.62	1.93	1.90	1.59	1.32	1.15	1.49	1.43	1.34
浦发银行	3.33	2.91	2.49	2.02	1.89	1.57	1.64	1.81	1.77	1.59
中信银行	3.36	3.49	3.25	2.51	2.32	2.10	1.81	1.90	1.78	1.60
民生银行	3.54	2.91	2.29	2.32	2.09	2.24	1.72	1.72	1.69	1.51
光大银行	4.07	3.51	2.66	3.10	2.92	2.53	1.99	2.59	2.43	2.24
平安银行	2.31	3.71	2.82	3.24	2.91	2.94	2.49	2.27	2.15	2.54
华夏银行	1.85	3.17	2.63	2.25	2.13	1.95	1.67	1.57	2.56	2.27
北京银行	2.99	2.31	3.09	2.33	2.41	2.10	1.96	2.79	2.53	2.38
上海银行	1.39	1.26	0.99	1.39	1.78	1.78	2.07	2.01	1.79	1.62
江苏银行	3.26	2.73	2.16	2.65	1.98	1.59	1.73	1.56	1.43	1.34
浙商银行	6.87	4.95	3.80	3.68	2.72	2.68	2.80	2.47	2.48	2.96
南京银行	5.99	4.78	3.87	3.07	2.32	2.64	2.00	1.86	1.75	1.62

续表

银行名称	2010	2011	2012	2013	2014	2015	2016	2017	2018	2019
宁波银行	4.07	4.17	2.89	2.15	2.50	1.93	1.56	1.34	1.47	1.85
渝农商行	6.04	5.37	4.27	3.67	2.99	2.58	2.30	2.49	2.30	3.09
杭州银行	3.03	2.73	2.01	1.81	2.04	1.90	1.94	1.68	1.52	1.37
长沙银行	3.20	2.20	1.80	1.57	2.21	2.33	1.74	1.42	1.77	1.55
贵阳银行	3.90	3.69	2.83	2.17	1.95	1.28	1.92	1.54	1.42	1.28
成都银行	4.80	4.01	3.02	2.76	2.43	2.26	2.02	1.67	1.98	1.75
郑州银行	2.60	5.61	3.91	2.69	1.97	2.92	2.29	1.92	2.38	2.21
青岛银行	5.27	7.00	5.23	3.91	3.40	5.73	3.92	3.55	3.43	3.44
苏州银行	21.28	13.91	9.13	6.96	5.84	5.01	4.45	4.08	3.72	4.12
西安银行	3.70	2.93	2.47	2.34	2.07	2.92	2.81	2.62	2.52	2.92
紫金银行	2.47	4.28	5.37	4.47	4.12	2.87	4.12	3.23	3.44	3.30
常熟银行	3.73	2.85	2.69	2.37	1.96	1.85	2.25	2.00	1.89	3.24
无锡银行	4.43	3.39	2.79	2.43	1.95	1.76	2.27	2.04	1.82	1.73
江阴银行	2.07	2.02	1.55	1.69	1.54	1.77	2.38	2.27	2.16	2.45
张家港行	2.68	2.02	2.71	2.67	2.70	2.36	2.15	2.59	2.36	2.17

数据来源：根据 2011—2020 年《中国金融年鉴》以及各银行年度报告整理得出。

(二) 模型设计

根据前面变量的选取情况，由于银行业市场集中度比率CR_4和赫芬达尔-赫希曼指数 HHI 在一定程度上都是反映市场的集中度，因此在考察市场结构对市场绩效影响时，分别构建模型考察CR_4和 HHI 对 ROA 和 ROE 的影响。

主要模型为：

$$ROA_{it} = C + \alpha_1 MS_{jit} + \alpha_2 CR_{4jit} + \alpha_3 CAR_{it} + \varepsilon_{it} \qquad (7\text{-}7)$$

$$ROE_{it} = C + \beta_1 MS_{jit} + \beta_2 CR_{4jit} + \beta_3 CAR_{it} + \varepsilon_{it} \qquad (7\text{-}8)$$

$$ROA_{it} = C + \gamma_1 MS_{jit} + \gamma_2 HHI_{jit} + \gamma_3 CAR_{it} + \varepsilon_{it} \qquad (7\text{-}9)$$

$$ROE_{it} = C + \delta_1 MS_{jit} + \delta_2 HHI_{jit} + \delta_3 CAR_{it} + \varepsilon_{it} \qquad (7\text{-}10)$$

其中模型(7-7)和模型(7-8)考察以银行业市场集中度比率CR_4为主要市场结构自变量对 ROA 和 ROE 的影响。其中 i 代表银行个体，t 代表相应年份，j 为对应变量(1 代表总资产，2 代表存款，3 代表贷款)，ε_{it} 为随机扰动项。同理模型(7-9)和模型(7-10)是以赫芬达尔-赫希曼指数 HHI 为主要自变量构建的模型。

(三) 回归结果分析

在对市场结构和绩效关系进行回归分析之前，还要确定模型的类型。本书主要是根据 Hausman 统计量的值，来选择合适的回归模型。对模型中的面板数据进行 Hausman 检验的结果显示，以 ROA、ROE 为因变量，Hausman 检验的统计值分别为 5.32、18.58，对应的 P 值分别为 0.3778、0.0023。模型检验及回归分析的结果见表 7-12。

表 7-12　我国银行业市场结构对银行绩效影响的回归结果

变量	CR4		HHI	
	(1)	(2)	(3)	(4)
	ROA	ROE	ROA	ROE
总资产 MS	-0.115***	-0.105	-0.116***	-0.111
	(0.0376)	(2.719)	(0.0378)	(2.727)
存款 MS	-0.000292	0.308	-0.000593	0.296
	(0.0311)	(2.217)	(0.0312)	(2.222)
贷款 MS	0.118***	-0.0452	0.119***	-0.0277
	(0.0278)	(1.988)	(0.0279)	(1.992)
总资产 CR4	0.0563***	2.115***		
	(0.0104)	(0.760)		
存款 CR4	-0.0902***	-4.403***		

续表

变量	CR4		HHI	
	(1)	(2)	(3)	(4)
	ROA	ROE	ROA	ROE
	(0.0150)	(1.092)		
贷款CR4	0.0453***	0.891**		
	(0.00566)	(0.413)		
总资产HHI			0.00252***	0.0980***
			(0.000505)	(0.0366)
存款HHI			-0.00361***	-0.173***
			(0.000641)	(0.0465)
贷款HHI			0.00152***	0.0244
			(0.000228)	(0.0165)
CAR	0.0107	-3.720***	0.0100	-3.752***
	(0.00683)	(0.495)	(0.00687)	(0.497)
	(0.400)	(29.16)	(0.293)	(21.23)
Observations	340	340	340	340
Number of id	34	34	34	34

注：括号内为标准差，下同。

*** 表示 $p<0.01$、** 表示 $p<0.05$、* 表示 $p<0.1$ 时影响显著。

在表 7-12 中(1)(2)栏是以市场集中度比率 CR_4 为主要市场结构自变量回归的结果，(3)(4)栏是以赫芬达尔-赫希曼指数 HHI 作为主要市场结构自变量回归的结果。从(1)(3)回归结果的符号可以发现不管是以 CR_4 还是以 HHI 作为市场结构的自变量，各变量对于银行绩效 ROA 的影响方向都是相同的，其中总资产市场份额和存款市场份额对 ROA 影响为负，且总资产市场份额在 1% 的水平下影响显著，贷款市场份额对 ROA 影响为正，在 1% 的水平下影响显著；(1)栏中总资产 CR_4 和贷款 CR_4 对 ROA 影响为正，存款 CR_4 对 ROA 影响为负，且都在 1% 的水平下影响显著；(3)栏中以 HHI

作为市场结构自变量的回归结果与相对应的CR_4回归符号相同,都在1%的水平下影响显著。控制变量资本资产比率 CAR 对 ROA 的影响为正,系数为 0.0107,但不显著。(2)(4)栏以CR_4和 HHI 作为市场结构的自变量对银行绩效 ROE 回归结果的符号一致。对回归结果具体分析如下:

1. 市场集中度对收益率的影响

CR_4 和 HHI 指数是衡量我国银行业市场结构的指标,从回归结果可以看出总资产CR_4、贷款CR_4、总资产 HHI 和贷款 HHI 对市场绩效的影响为正,存款CR_4和存款 HHI 对市场绩效的影响为负。这说明,总资产和贷款具有较高市场集中度的银行,具有较高的利润水平,但存款市场集中度越高,银行不具有较高的利润水平。

市场力量假说认为,银行业的集中度与利润率正相关。市场集中的程度越高,银行对市场的支配能力也就越强,通过对价格的控制,进而获得垄断利润。根据对市场垄断程度的不同,市场力量假说又分为传统共谋理论和相对市场理论。传统共谋理论认为,在集中度高的市场上,存在着少数较大规模、占有较高份额的大型银行,可以通过对市场的操纵,与其他银行达成合谋协议,实行较低存款利率和较高贷款利率,以此获取高额的垄断利润。相对市场理论认为,银行获得的垄断利润,主要来自由于产品差异化带来的垄断地位。银行的实力越雄厚,就越容易设计出满足市场的产品,提供更加富有吸引力的服务,从而获得更高利润。

我们的实证结果验证了市场力量假说,市场集中度高的银行对市场的支配能力强,通过操控存款利率和贷款利率,获得较高的垄断利润;对于存款市场集中度越高的银行,却没有获得较高利润,也是符合该理论的,由于市场集中度较高的四大国有商业银行通过其垄断地位向客户提供较低的存款利率,而其他一些市场份额较小的股份制商业银行,则会通过提供相对于国有商业银行更高的存款利率来吸引客户,以提高自己的业绩水平,从而加大了国有商业银行与股份制商业银行之间的竞争,而我国对银行业利率实行严格的管制，利率市场化程度不高，各大银行对其并没有决定权，因此就存款市场集中度来说，较高集中度并不能带来高利润。

2. 市场份额对收益率的影响

从回归结果可看出，总资产的市场份额与资产收益率 ROA 负相关，贷款市场份额与资产收益率 ROA 正相关，存款市场份额与资产收益率 ROA 负相关，但不显著；总资产、存款和贷款的市场份额对资本收益率 ROE 的影响并不显著。市场份额对收益率的影响与市场集中度对收益率的影响存在较大的差异，这主要是因为市场集中度是站在宏观的角度上，衡量整个市场结构垄断竞争情况；而市场份额是在微观的层面，反映商业银行的市场占有率情况，因此市场结构宏观情况的变化，对于银行效率的影响也就更大。效率结构假说认为，当银行具有更高的生产和管理水平时，就更加有效率，有利于银行成本的降低，获得更高的利润。因此银行可以通过成本优势，占有更大的市场份额，市场集中度也就更高。但是在我国银行业市场上，长期以来，政府都对银行业有较多的行政干预，市场的高集中度，以及国有商业银行占有较高的市场份额，并不是在市场自由竞争的机制下，来自国有商业银行的经营效率，而是由我国的金融政策所造成的，因此较高的总资产市场占有率，并不一定对应着较高的利润率；但是贷款是银行的主要收益来源，因此高贷款市场份额却总能带来较高的利润率。

3. 资本与资产比率对收益率的影响

资本与资产比率 CAR 对资产收益率 ROA 的影响为正，说明资本与资产比率越高，银行的自有资本就越充足，经营风险也就越低，进而有利于绩效的提高。资本与资产比率 CAR 对资本收益率 ROE 的影响为负，说明资本与资产比率越高，银行的自有资本越充足，资本收益率的分母越大，值越小，绩效越低。

六、研究结论与我国银行业进入管制改革取向

(一)研究结论

综合前文的实证分析,可以得出以下结论。

1. 银行业的市场集中度依然较高

综合分析我国银行业的市场结构指标,我们发现目前商业银行的市场结构已经从高集中寡占型,转变为中(上)集中寡占型,在2010—2019年,四大国有商业银行的市场份额呈现不断下降的趋势,市场集中程度也不断降低,市场竞争水平在不断提高,国有商业银行在市场上的极高垄断地位已经有所动摇。其他股份制商业银行的竞争力也在逐步增强,在金融市场上发挥着越来越重要的作用。但从总体上来说,尤其是在存贷市场上,由于受到行政干预等因素的影响,国有商业银行的市场垄断程度仍然比较高,与竞争市场结构还具有一定的差距。

2. 商业银行的绩效水平总体呈平稳趋势

综合分析银行的绩效指标,在2010—2012年间我国商业银行总体呈上升趋势,随后出现小幅度下降,最后趋于平稳。相比而言,国有商业银行的绩效优于股份制商业银行,四大国有商业银行市场垄断地位带来的垄断利润依旧较高。银行股份制改革以来,我国商业银行的整体绩效有比较明显的提升。

3. 银行市场结构和绩效总体上呈现正相关

商业银行的市场结构与绩效总体上呈现正相关。总资产市场份额较大的国有商业银行,并没有对应的较高的利润率水平,主要是由于其复杂的内部结构带来的低效率,但较高贷款市场份额却总能带来较高的利润率。

许多股份制商业银行的盈利能力十分突出，主要是因为在我国，股份制商业银行成立都比较晚，由于先占优势以及国家行政的干预，国有商业银行在最初近乎占据 100% 的市场份额，在股份制改革前，规模也不断扩张，却忽视了效益的提高。随着股份制商业银行的兴起和快速发展，国有商业银行市场集中度逐步下降，股份制商业银行利润水平逐步上升，银行业市场绩效整体水平在逐步改善并趋于平稳。

（二）我国银行业进入管制改革取向

目前，我国经济呈现出新常态，经济发展面临着增长动力和经济结构的调整，经济发展转型和升级也需要金融的支持。通过前文的实证分析可以看出，国家对银行业的相关改革措施使得市场的竞争状况有所改善。为了进一步提高银行业的整体绩效水平，改善商业银行的市场结构，本书提出以下建议。

1. 降低政策性壁垒，构筑多元竞争主体的市场结构

继续放宽银行的市场准入限制，以经济性壁垒来代替传统的行政性壁垒，以此丰富银行的产权结构种类，构筑多元竞争主体的市场结构，推动市场的健康有效竞争。在银行业市场上，国有商业银行仍然占据绝对的主体地位，产权性质的种类比较单一。放宽市场准入限制，鼓励符合条件的非国有商业银行的设立，有利于促进多元化、多层次的市场竞争，增强市场活力。

首先，要进一步增加民营银行的数量。2014 年 3 月，我国首批 5 家民营银行试点方案确定，2015 年 5 月，我国首批试点的 5 家民营银行全部获得了"通行证"。到目前（2019 年 5 月）为止，我国共有包括深圳前海微众银行、温州民商银行、天津金城银行、上海华瑞银行等 17 家民营银行在开业运营，具体情况见表 7-13。民营银行的出现的确给我国的银行业带来了一定的竞争压力，也在一定程度上刺激了银行业效率的提高，但我们认为，这 17 家民营银行的规模相对于我国的银行业市场总规模而言可以说是

九牛一毛。因此，应该进一步放宽民营银行的准入门槛，让更多的民营资本进入中国的银行业，一方面让民营资本也能公平获得经营银行业的机会，另一方面也有利于提升银行业的活力，有利于行业效率的提高。

表 7-13 我国当前正在运营的 17 家民营银行情况①

序号	名称	董事长/行长	注册资本	第一大股东	定位
		17 家民营银行			
1	深圳前海微众银行	顾敏/李南青	42 亿元	腾讯	纯互联网银行
2	温州民商银行	陈筱敏/侯念东	20 亿元	正泰集团	中小微企业
3	天津金城银行	高德高/吴小平	30 亿元	华北集团	中小企业融资
4	浙江网商银行	井贤栋/黄浩	40 亿元	蚂蚁金服	纯互联网银行
5	上海华瑞银行	凌涛/朱韬	30 亿元	上海均瑶	自贸区金融改革、小微企业
6	重庆富民银行	张国祥/闵路浩	30 亿元	瀚华金控	小微企业
7	四川新网银行	刘永好/赵卫星	30 亿元	新希望集团	互联网银行
8	湖南三湘银行	梁在中	30 亿元	三一集团	产业链金融
9	安徽新安银行	待定	20 亿元	南翔集团	中小微企业
10	福建华通银行	陈德康/郑新林	24 亿元	永辉超市	"线上+线下"互联网银行
11	武汉众邦银行	楼晓岸/晏东顺	20 亿元	卓尔控股	线上、线下交互模式运行
12	北京中关村银行	郭洪任/王萌	40 亿元	用友网络	扎根中关村，服务科创
13	江苏苏宁银行	黄金老	40 亿元	苏宁云南	科技驱动的O2O银行，线上线下高度融合

① 资料来源：https://www.sohu.com/a/319316325_120053281。

续表

17家民营银行				
序号	名称	董事长/行长	注册资本	第一大股东	定位
14	山东威海蓝海银行	陈彦/王有强	20亿元	威高集团	特存特贷、上下游产业链
15	辽宁振兴银行	周林(拟)	20亿元	荣盛中天	小微企业
16	吉林亿联银行	戴皓/戴兵	20亿元	中发金控	为生活随行的智能网络银行
17	梅州客商银行	宁远喜/刘元庆	20亿元	宝丽华新能源	小微企业

其次，放开外资银行的准入标准，允许更多的外资银行来中国进行合规经营，这样既有利于借鉴学习西方国家先进的经营管理经验，也有利于提升我国银行业的竞争压力，促进我国银行业的创新发展与行业效率的提高。

因此，在充分考虑我国金融体系承受能力和监管能力的前提下，应该加大对银行业市场准入的放松力度。同时，也要构建有效的银行退出机制，让市场发挥优胜劣汰的机制，实现金融资源的优化配置。

2. 放松业务管制，鼓励金融创新

当前利率逐步市场化，在存贷款业务中，商业银行所获得的利差也越来越小，盈利空间不断缩小。随着金融改革以及金融现代化发展的加速，中间业务在银行业务中占据着越来越重要的地位。在西方国家的银行业市场上，中间业务发展迅猛。相对于银行的资产业务和负债业务，中间业务具有风险小、成本低、获利大等优点，商业银行经营中间业务，可以获得大量的手续费和佣金收入，但并不需要直接运用银行的自有资金，一方面，商业银行可以免受央行对资本充足率等的监管束缚；另一方面，银行减少了承担的经营风险。然而在很长一段时间里，政府和央行对利率实行管制，对商业银行的产品和服务的价格实行严格的管制，导致商业银行无法施展手脚。因此，国家应进一步放松业务管制，鼓励金融创新，一方面，应加强银行的内部控制，完善中间业务的经营管理体系，另一方面，商业银行也应加大业务产品的研发力度，以市场和消费者为导向，不断创新，提高盈利水平。

3. 引入激励机制，深化国有银行所有制改革

目前，经济新常态背景下，增速进入中速区间。经济的转型和升级，也对金融机构的功能优化有了更多新的要求。商业银行也应更好地服务于实体经济，成为经济改革和转型的重要推助力。当前经济增长从注重规模数量，转向注重质量和效益，在这一过程中，国有商业银行也需要进一步改革以适应外部经济转型的要求。在金融体制改革以及国有资产管理模式改革的大背景下，中央要求"让市场机制在资源配置中发挥决定性作用"，其中国有商业银行的混合所有制改革，是一个重要的环节。虽然四大国有商业银行经过股份制改造，以及公开上市，增强了经营活力，但是目前上市公司中国有资本所占比重太大，如中国工商银行股份有限公司股份（股票代码 SH：601398）中中央汇金公司与财政部共同持有这家上市公司的股份超过了 70%，显然，这与现代公司制股权分散化的要求不相一致。另外，在一定程度上，国有商业银行严重缺乏相应的激励机制，仍然存在一些非企业化行为。截至 2016 年底，以中央汇金公司、财政部、社保基金为代表的国家股，在国有商业银行股权中占比均在 50% 以上。因此，引入多元主体，优化银行的股权结构，有利于进一步提高银行的管理水平。

目前最为重要的是要明确改革的方向和目标，首先，要通过多种形式的混合所有制改革，如引入更多的非国有战略投资者、员工持股、国有股减持等，在保证国有资本控股地位的前提下，尽可能降低国有股权的比重，使产权构成更加多元化。其次，要降低国有资本对银行的控制力度，进一步厘清银行的产权关系，建立科学合理的风险约束机制，以及利益激

励机制，建立完善的现代公司治理体系。

当然，我们在对银行业实施放松管制，对国有商业银行实施混合所有制改革时，都要注重一个"度"，不能"放松"到国有资本失去了对银行业的整体控制，不能"混合"到国有资本失去对原本是大型国有商业银行的控制权。做优做强做大国有资本要求国有商业银行要进一步推进混合所有制改革，但混改既不能允许国有资本的流失，也不能允许国有资本对国有商业银行控制权的丢失，即要确保国有资本在国有商业银行中的控股股东地位不会失去。

第八章 基于社会目标的经济性管制产业的管制改革
——以烟草行业为例

一、基于社会目标的经济性管制产业的特征与管制改革的取向

(一) 基于社会目标的经济性管制产业的特征与类型

我国政府一直以来对烟草、盐业、石油石化、新闻出版、广播电视等行业实施包括市场进入、价格、投资和质量等方面的纵向行政约束,因此,这些行业的管制具有明显的经济性管制特征。但是,政府对这些行业的管制主要是基于社会目标的。我国政府实施的这类管制从管制目标角度看,与社会性管制是一致的,但社会性管制属于横向约束,针对某一种共同行为(如环保、健康、安全等),并不针对某一行业,而我国政府对石油石化、烟草、盐业等行业采取的管制是一种纵向约束,是对相关行业的一种全方位的管制,因此,笔者认为这种类型的管制应归于经济性管制的范围,笔者将这些行业定义为基于社会目标的经济性管制产业。

1. 基于社会目标的经济性管制产业的特征

(1) 管制的主要目标是社会性目标

一、基于社会目标的经济性管制产业的特征与管制改革的取向

从表 8-1 中可以看出，一直以来，我国政府针对烟草、盐业、石油石化这类行业实施强政府管制，其出发点是为了实现社会性目标。如烟草管制最主要的目的是控烟，盐业(食盐领域)管制是为了加碘，其应归入社会性管制目标 HSE 中的 H 类，即健康类(保护消费者的健康)；石油石化行业的管制，是为了强化对关系到国家安全、国民经济命脉的重要行业和关键领域的控制，该行业的管制目标应归入 HSE 中的 S 类，即安全类(保护国家安全)。总体来讲，国家针对基于社会目标的经济性管制产业的政府管制，其首要目标应该是社会性目标。当然，社会性目标不是这些产业管制的唯一目标，如，烟草行业的政府管制还包括另一个重要目标即"增加财政收入"。

表 8-1 典型的基于社会目标的经济性管制产业的管制目标与管制内容

行业类型	管制目标	管制内容	行业内的垄断企业
烟草	控烟(保护消费者健康)，增加财政收入	进入管制、价格管制、投资管制、一系列控烟措施等	中国烟草总公司
盐业(食盐)	加碘(保护消费者健康)	进入管制、价格管制、投资管制、产品质量管制等	中国盐业集团有限公司
石油石化	强化对关系到国家安全、国民经济命脉的重要行业和关键领域的控制	进入管制、价格管制、投资管制、产品质量管制等	中国石油天然气集团有限责任公司；中国石油化工集团公司；中国海洋石油集团有限公司等

(2)经济性管制与社会性管制并存

在政府管制中，我国针对基于社会目标的经济性管制产业所采用的管制手段中，既有经济性管制手段，又有社会性管制手段。政府为了达到相

163

关目标,一直以来,对这类产业实施非常严格的进入管制与价格管制,通过行政手段垒起非常高的进出壁垒,同时,为了防止价格失控,配套实施严格的价格管制,如成品油、食盐、烟草制品等价格均在政府的严格管制之下。

我们认为,进入管制与价格管制是纵向管制的典型内容,也是经济性管制的典型特征。很显然,烟草、盐业、石油石化等行业具备了以上特征,但这些行业的管制出发点毋庸置疑是为了保护民众的健康、安全等,如果从这种角度出发,其应归入社会性管制范围。因此,我们将这类产业定义为基于社会目标的经济性管制产业。

(3)强进入管制所形成的行政垄断与所有制垄断并存

经过长期的进入管制,这些产业基本形成了少数几家企业垄断经营的局面。由于历史的原因,这些垄断大企业都是国有企业。如表8-1所示,烟草行业的烟草制品的生产与流通环节基本上由中国烟草总公司垄断经营;盐业中的食盐产品的生产与流通环节也基本由中国盐业总公司(2018年完成公司制改制,正式更名为中国盐业集团有限公司)垄断经营;石油石化行业基本上由中石油、中石化和中海油三家国有巨头垄断经营。这些行业形成了行政垄断(政府实施进入管制而形成)与所有制垄断(国有制垄断)的双重垄断局面。因此,基于社会目标的经济性管制产业的政府管制改革与国有企业改革密切相关,应与国有企业改革密切配合,相互推进。

2. 基于社会目标的经济性管制产业的类型

我们认为,判定基于社会目标的经济性管制产业的标准有三:一是该行业存在较强的进入管制;二是政府对该行业实施政府管制的出发点主要基于社会性目标的考虑;三是该行业核心业务既不属于自然垄断产业,也不属于严重信息不对称的产业。

依据以上三个标准,我们将烟草、盐业、石油石化、新闻出版等纯行政垄断行业归入基于社会目标的经济性管制产业。

(二) 基于社会目标的经济性管制产业的管制改革取向

基于社会目标的经济性管制产业主要包括烟草、盐业、石油石化、新闻出版等行业，但我们认为，其中的石油石化与烟草、盐业、新闻出版等行业还是存在一定的差异。国家对石油石化等产业①实施非常严格的进入管制，并让国有资本牢牢控制这些产业，目的是为了保证这些涉及国家安全、国民经济命脉的重要行业和关键领域处于国有资本的绝对控制之下。

因此，针对石油石化的管制改革与烟草、盐业、新闻出版等行业的改革，在改革措施、改革力度上应该有一定的差别。

1. 放松经济性管制

如表8-1所示，我国政府对于烟草、盐业、石油石化、新闻出版等行业实施较强的管制，明显带有社会性管制的特征，但实际管制内容却与经济管制一样，涉及市场进入、产品价格、产品质量、投资领域等产业链的各个环节。但随着我国改革开放的深入，对这些行业的全方位管制所引致的一系列垄断问题日益严重起来。

针对这类垄断行业的特点，笔者认为，首先要放松对这类行业的经济性管制。如前文所述，由于石油石化与烟草、盐业、新闻出版等行业存在一定的差异。我们认为，对于烟草、盐业、新闻出版等行业完全可以逐步解除纵向的经济性管制，回归横向的社会性管制范围。而对于石油石化这两个"关系国家安全和国民经济命脉的重要行业和关键领域"，在放松经济性管制时，要与烟草、盐业、新闻出版等行业在放松管制力度上有所区别。

2. 在放松经济性管制的同时，要兼顾国家战略需要

如前文所述，电网电力、石油石化、电信、煤炭、民航、航运等七大

---

① 涉及国家安全、国民经济命脉的重要行业和关键领域，除了石油石化行业外，还包括电力电网、电信、煤炭、民航、航运等，按照国家总体部署，国有资本要对这些产业领域保持绝对的控制力。

行业为"关系国家安全和国民经济命脉的重要行业和关键领域",党和政府一直强调要强化国有资本在这七大行业中的控制地位。

这七大行业中,石油石化等为基于社会目标的经济性管制产业,为了保证国家与国有资本对其绝对控制,在对这两个产业实施放松经济性管制时,可以部分放松进入管制。如可以放开行业内的部分业务,允许非国有资本进入,也可通过混合所有制改革,允许这些行业内的垄断国企,主动引入非国有资本,实现国资与民资的有机结合,以提高行业内部效率。但在引入非国有资本的同时,不能放弃国有资本的绝对控制地位。

3. 强化社会性管制

针对基于社会目标的经济性管制产业,无论是解除经济性管制,还是部分放松经济性管制,要解决这些垄断行业的相关问题,必须强化社会性管制。通过强化社会性管制,来有效实现国家对这些行业实施管制的初衷——社会性目标。

我们认为,烟草行业属于最典型的基于社会目标的经济性管制产业,而且,盐业、石油石化、新闻出版等行业的改革(实际上是放松管制改革)大幕早已拉开,如盐业中的食盐专卖制已逐步废除,新闻出版业由事业单位转企业的改革已经接近尾声,石油石化领域的混合所有制改革也在积极推进。但是,烟草行业基本上没有什么动静。实际上,这个行业存在的问题最多,最需要改革。因此,本书选择了烟草行业作为基于社会目标的经济性管制产业的代表来详细论述如何对该行业进行管制改革。

二、我国烟草行业当前的现状

为了控制烟草制品的泛滥,保护公众健康,我国一直对烟草行业执行烟草专卖制度,实行高强度的政府管制。但是,经过这么长时间的管制,中国烟民数量不降反升,管制目标远未达到。据中国疾病预防控制中心2015年12月28日发布的《2015年中国成人烟草调查报告》披露,我国吸烟人数已超过3亿,吸烟者每天平均吸烟15.2支。世界卫生组织和联合国开发计划署于2017年4月14日联合发布的报告《中国无法承受的代价——烟草流行给中国造成的健康、经济和社会损失》指出,我国是世界上最大的烟草生产国和消费国,卷烟消费量占世界的44%,每年有100多万中国人因烟草相关疾病而死亡。报告还指出,烟草流行给中国造成的直接和间接损失高达3500亿元。此外,因管制而产生的行政垄断却给烟草行业带来了行业暴利,据2015年3月27日搜狐财经报道,2014年中国烟草总公司盈利额在非金融央企中排名第一,达到了1649.4亿元,日赚4.52亿。① 烟草行业的暴利令公众非常反感,对烟草行业的管制改革可谓势在必行。

近年来,国内理论界也非常关注烟草行业的改革。黄继坤(2010)认为,中国烟草专卖制度改革的目标应该是:在坚持专卖体制、保证国家税收收入的前提下,适应社会主义市场经济体制的要求,引入市场竞争机制,发挥市场机制在资源配置中的基础性作用,实现由行政垄断向经济垄断的转变。② 胡琳琳、吴平(2013)则建议,应有计划、有步骤、分阶段地推进烟草行业管理体制改革,实现政企分开,发挥市场机制作用,引进多元化主体,最终废止烟草专卖体制。③ 莫炜(2012)认为,在国际"去专卖化"的趋势下,我国废除烟草专卖制度的现实途径是通过"政企分开、工商分离",积极推进市场化,最终促进市场多元化,在国家管控的条件下培育多元化的烟草市场,最终实现经济垄断代替行政垄断。④ 烟草制品是一种具有个人嗜好性的日用消费品,缺乏替代品,呈现出弱价格弹性的特征,并且烟草行业实行"统一领导、垂直管理、专卖专营"的管理体制,这

---

① https://business.sohu.com/20150327/n410418419.shtml。
② 黄继坤.论中国烟草专卖制度改革的路径选择[J].金融与经济,2010(9):32-35.
③ 胡琳琳,吴平.关于烟草行业管理体制改革的建议[J].经济研究参考,2013(41):59-60.
④ 莫炜.新形势下我国烟草专卖制度存在问题与发展对策研究[D].西南交通大学,2012.

就造成了当前烟草行业改革的特殊性。当前理论界关于烟草行业的改革对策基本上都是针对烟草专卖体制的，但笔者认为，烟草行业的改革要从政府管制视角出发，在搞清楚我国烟草行业管制属性的基础上，进一步提出相应的改革对策。只有这样才能正本清源，为我国烟草行业的改革提供切实可行的改革措施。

三、我国烟草行业当前的管制现状

我国对烟草行业的管制主要是通过烟草专卖来实现的。1981年，国务院决定对烟草管理体制进行重大改革，成立中国烟草总公司，对烟草产品实行专卖专营。1982年1月1日，中国烟草总公司正式挂牌成立。1983年，国务院批准成立国家烟草专卖局，对烟草专卖进行全面的行政管理，同年9月23日国务院发布《烟草专卖条例》，这标志着我国的烟草专卖制度正式确立。1991年6月29日全国人大通过了我国第一部烟草专卖法典——《烟草专卖法》。该法确立了我国烟草行业的国家专卖制度、行业的统一管理和垂直领导体制。这也标志着我国烟草行业的规制制度正式确立。

在当前的管制体制下，我国烟草行业的管制内容非常复杂，既有经济性管制的内容，也有社会性管制的内容。归纳起来，我国烟草行业的管制主要包括以下内容：

（一）进入管制

进入管制是指国家通过行政手段形成进入壁垒，以保证现有企业的垄断地位。当前我国对烟草行业实行完全的专卖管理制度，并立法规定由国家对烟草生产、收购、运输、储藏、销售、批发等各环节实行直接控制，主要表现为许可证制度，即明确规定开办烟草制品生产企业，必须经国务院烟草专卖主管部门批准，取得烟草专卖生产企业许可证，并经工商行政管理部门核准登记；对烟草企业分立、合并和撤销，必须经国务院烟草专卖行政主管部门批准,并向工商行政管理部门办理变更、注销登记手续,①这就事实上赋予了国有烟草企业的垄断专营权。此外,烟草行业还存在显著的规模经济性,对新企业的进入规模经济壁垒很高。

(二)价格管制

我国烟草行业近年来通过规定烟草制品流通环节价格的方法,对烟草制品进行定价管理。由国家烟草专卖局根据各等级卷烟产品确定阶梯化价格管理办法,对各企业产品的出厂价、调拨价、批发价和零售价进行定价,并报国家物价局备案。② 烟叶收购价格也是典型的政府定价,一般是由国家烟草专卖局根据全国多种商品的价格情况,结合烟农的种植成本等因素制定出不同地区和不同等级烟叶的收购价格,并报国家发改委批准。虽也考虑了物价、种烟成本、烟粮价格比等因素,但是每年制定后就不再变动。烟叶调拨价格则是由国家烟草专卖局在核算烟叶收购价格、税金、各项耗费、物价上涨幅度及合理利润等指标基础上,综合考虑后制定。③由此可见,价格管制贯穿于整个烟草产业链的各个环节,烟草制品的价格基本上不是由市场决定,而是由政府来决定。

(三)流通管制

在进入管制和价格管制之外,我国对烟草流通环节还制定了诸多管制政策,其中《烟草专卖品流通环节管理制度》规定,所有外购(销)烟草专卖品必须签订规范的购销合同,储藏和运输公司必须在准运证限定时间内按合同要求完成运输业务。仓储保管需按照实物的品名、数量、规格等内容同购销合同(或调拨单、准运证申办单)、准运证进行严格核对,确保账实

---

① 申珅.中国烟草流通特点、模式与规制措施分析[J].中国物流与采购,2016(24):67.

② 籍涛.论烟草产业的政府管制——基于市场结构与绩效的分析框架[J].社科纵横,2008(1):36.

③ 蒋云凤.我国烟叶价格管制问题研究[J].价格理论与实践,2009(5):30.

相符，无误后才可办理入库手续，还规定所有调剂的烟草专卖品，必须持有省级中烟工业公司开具的调剂单和市级以上烟草专卖局开具的准运证。这些都表明国家对烟草制品购买、销售、运输和仓储等环节实行全面而严格的管控，以保证对烟草流通环节的绝对控制权。

(四)社会性管制

我国已明确立法禁止向未成年人出售香烟、雪茄烟和烟丝，即烟草销售对象管制；设置禁烟区域，全面禁止在公共场所吸烟，明确禁烟场所经营管理单位的职责和处罚权限，即吸烟场所管制；此外，《广告法》和《烟草广告管理暂行办法》都明确规定在广播、电影、电视、报纸、期刊上禁止发布烟草广告，禁止在各类等候室、影剧院、会议厅堂、体育比赛场馆等公共场所设置烟草广告，国家并明确要求电影、电视中不得出现烟草的品牌标识和相关内容，并由工商行政管理部门负责监管查处，即对烟草广告和促销的管制；规定健康警示语必须印于卷烟条、盒包装正面和背面，警示语区域所占面积不应小于所在面的30%，商标主图案或其他标识不得进入警示语区域内，即对烟草制品外包装物的管制。

从上面的管制内容来看，前面三种管制属于经济性管制的内容。这些管制措施的管制主体是国家烟草专卖局，作为国有企业的中国烟草总公司也承担一定的监管职能。而第四种社会性管制措施的管制主体则是国家卫健委，卫健委下属的疾病预防控制局负责制定与执行相关的控烟方面的管制措施，其他的相关政府部门如广电局、工商行政管理部门等协同执行卫健委制定的控烟措施。也就是说，我国当前烟草领域的管制主体是多元的。

四、烟草行业政府管制存在的主要问题

我国长期以来实施烟草专卖制度，对烟草行业实施强管制，目的是什么呢？有学者认为，烟草管制不外乎以下两个主要目标：一是严控烟

制品的产销(社会目标),以减少烟草制品对人们健康带来的危害;二是保证国家财政收入(经济目标)。烟草专卖制度实施 30 多年来,第二个目标——经济目标确实达到了,但是第一个目标——社会目标却远未达到。在笔者看来,烟草行业管制的首要目标应该是控烟,但这一目标到目前为止远未达到,原因在于我国当前的烟草管制体制存在诸多严重的问题。

(一) 管制主体双重化,管制目标相互冲突

如前所述,烟草行业管制有两个主要目标:一是控烟(社会目标),二是保证国家财政收入(经济目标)。在我国,卫健委作为健康管制的主体,在烟草领域,它要实现控烟这一社会性管制目标。而烟草专卖局与烟草公司虽然也承担一定的控烟职责,但它们更注重经济效益,更多执行的是保证财政收入的目标。这两个管制主体的各自目标在一定程度上是相互冲突的,相互冲突导致的结果是,经济目标得到了强化,烟草行业贡献的财政收入不断增加;而社会目标被弱化,烟草的危害在不断扩大。

造成这种局面的原因有多个方面:

1. 烟草财税政策影响政府行为

保证国家财政收入是我国实施《烟草专卖法》、实施烟草行业政府管制的一个重要目标。《烟草专卖法》第一条明确指出,实行烟草专卖立法的目的之一,就是"保证国家财政收入"。在我国从 1994 年开始实行分税制的总体框架下,烟草税收政策也作了相应的设计和安排,围绕着烟草税收,中央与地方、政府与企业以及地方与地方之间,不可避免地产生诸多利益矛盾和冲突,会严重影响相关主体的行为选择。烟草行业作为我国利税大户,每年为我国带来巨额财政收入,根据国家烟草专卖局网站公布的信息,2011 年,我国烟草行业实现的利税额为 7530 亿元人民币,到了 2014 年则超过了 1 万亿元,达到了 10518 亿元,2016 年利税额虽略有下降,仍达到了 10796 亿元,而到了 2019 年,烟草行业实现的

利税额达到 12056 亿元。这意味着，我国烟草行业实现的利税总额连续 6 年都超过了 1 万亿元人民币。烟草行业近 9 年实现的工商利税总额情况如图 8-1 所示。

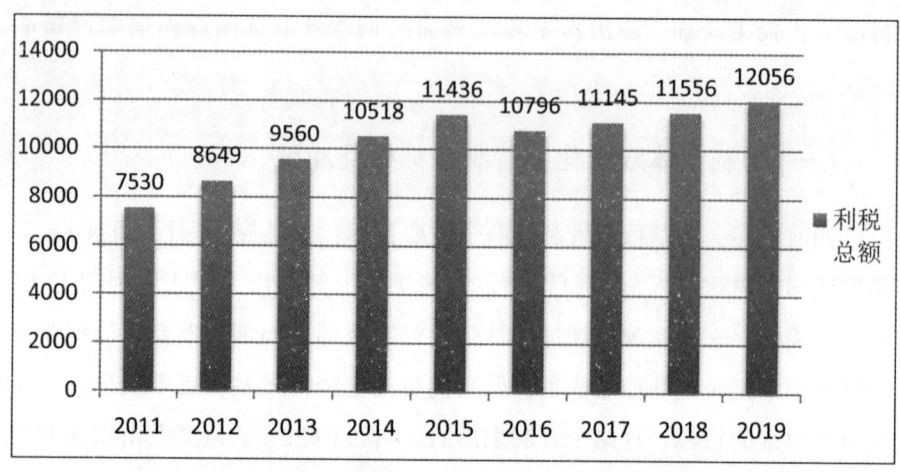

图 8-1　2011—2019 年我国烟草行业实现的工商利税总额情况（亿元）①

当前，我国消费税的收入主要归中央财政，每年我国烟草消费税的收入占到了全部消费税收的一半以上，再加上国有烟草企业上缴的利润，这两块收入占国家财政收入的比重较大。从表 8-2 中可以看出，2011 年到 2019 年，前 5 年烟草利税占国家财政收入的比重都超过了 7%，从 2016 年开始这个比重有所下降，仍超过了 6%。更糟糕的是，在一些产烟大省如云南省，烟草更是地方经济和财政的支柱产业。在巨大经济利益的诱惑面前，无论是地方政府、烟草专卖局、烟草公司，还是国家财政部门，都缺乏控烟的动力。国家卫健委要想逆着这些势力强大的烟草利益集团的意愿去控烟，其难度就可想而知了。这也就是为什么这么多年来，我国控烟不力的最大原因之所在。

---

①　图中的数据来源于烟草专卖局网站，所使用的数据经过了四舍五入处理。

表 8-2　2011—2019 年我国烟草利税占国家财政收入的比重①

年份	烟草税利总额(亿元)	财政收入总额(亿元)	烟草税利占财政收入比重(%)
2011	7530	103740	7.26
2012	8649	117254	7.38
2013	9560	129210	7.40
2014	10518	140370	7.49
2015	11436	152269	7.51
2016	10795	159552	6.77
2017	11145	172567	6.46
2018	11556	183352	6.30
2019	12056	190382	6.33

2. 受当前烟草行业组织管理体制的制约

从烟草行业组织管理体制现状来看，目前主要呈现如下特征：专营专卖、国有经济、政企合一、计划管理。我国的烟草专卖体制基本上实行的是"一套机构两块牌子"的组织模式。到目前为止，国家烟草专卖局与中国烟草总公司还是共用一个网站。在当前社会主义市场经济环境下，烟草行业这种政企严重不分的体制带来诸多严重的弊端，也严重违背了市场经济原则。专卖监管是一种政府行为，而生产与经营是企业行为，烟草行业政企不分地将政府行为与企业行为捆绑在一起，从而带来以下几个方面的问题：市场机制作用发挥受到束缚，企业缺乏竞争活力；政企合一，企业与政府权责交叉；政资合一，企业出资者缺位；专卖管理与生产经营的矛盾不可避免，在经济利益的驱动下，专卖经营者往往只重视经济效益，所关

---

① 表中数据来源：根据《中国统计年鉴》、《中国烟草年鉴》、财政部网站、税务局网站、国家烟草专卖局网站公布的数据计算而得。

注的中心永远是烟草消费额和相关税收的增加,忽视专卖管理工作。而在一个以内需消费为主的市场上,越是强大的烟草工业越可能会对本国的公共卫生和健康造成损害。通过烟草工业而获得的巨额税收,最后以个人和政府巨额的医疗支出而花出去。

(二) 由纵向管制而产生的行业垄断导致社会不公

国家允许的烟草产品的生产与流通(批发环节)完全由中国烟草总公司及其下属的各地烟草公司所垄断,而其他的企业特别是民营企业完全无法涉足,这显然是有悖社会主义市场经济的公平原则的。对烟草行业的纵向管制带来的行政垄断,扭曲了正常的产品生产和交换关系,必然造成市场的不公平竞争。此外,各地烟草专卖局与烟草公司合署办公,具有本区域烟草的独家地域销售权和管理权,当地的烟草公司(烟草专卖局)是卷烟企业的唯一买方,卷烟企业缺少市场选择权,并且由于对烟草业实施指令性的生产计划,烟草生产企业之间的竞争机制基本处于失灵状态。这种由管制而产生的行业垄断为烟草企业带来了巨额的垄断暴利,但也造成烟草行业与其他行业以及各行业职工之间巨大的收入差距。这不仅侵害了全社会居民的整体福祉,更影响到社会的公平正义。

(三) 强管制导致行业内部无效率

我们知道,完全禁止烟草的生产与销售是不现实的。这也就是说,合法的烟草生产与销售肯定是常态,那么烟草生产与销售的效率问题就应引起我们的关注。但是,在我国烟草行业长期实施的烟草专卖制度所形成的强管制,导致从事烟草产品生产的烟草企业(主要是国企)在行政垄断的保护之下,不思进取,效率低下。陈清棠、杨雪、李纲(2013)等人的研究表明,我国烟草行业劳动生产率的最高水平与国际平均水平相差1倍以上,卷烟单箱税利与美国相差4倍以上。此外,烟草产品结构单一,缺乏国际竞争力。国际主流卷烟产品正向低热油、淡香型、混合型的新型产品转变,而我国卷烟市场仍然以烤烟型、高焦型和浓香型等传统产品为主,难以进入国际市场。①

五、我国烟草行业管制改革的取向

(一) 烟草行业管制改革的总体取向

笔者认为烟草行业的改革总体上应该变经济性管制为社会性管制,使我国烟草行业的政府管制彻底回归到社会性管制的范围。从当前的管制内容看,政府对烟草行业的管制属于全方位的纵向管制,即经济性管制,当然管制措施里也包含了社会性管制的内容。过去政府对烟草行业实施这种带有复合特征的强管制是与当时制定的管制目标相一致的,即一方面要控烟,另一方面还要依靠烟草行业来"保证国家财政收入"。但是,随着我国经济发展水平的不断提高,我们认为,烟草行业的管制目标应该单一化,即控烟,不应该再将"保证国家财政收入"作为烟草行业管制的目标之一。我们再也不能饮鸩止渴,为了烟草利税而放松(不管是无意还是有意)对烟草制品蔓延的控制。烟草制品给社会带来的直接和间接损失有多大,无须笔者在此赘述了。因此,笔者认为,未来烟草行业政府管制改革的总体取向应该是以控烟为出发点,让烟草行业的政府管制彻底回归于社会性管制。

(二) 烟草行业管制改革的路径选择

1. 强化社会性管制

笔者认为,今后我国烟草行业管制应将控烟以保护人民群众的健康作为唯一目标。因此,烟草行业改革的首要工作就是要强化社会性管制。具体措施包括:一是确立卫健委作为烟草行业管制的唯一主体,全面负责烟

---

① 陈清棠,杨雪,李纲. 我国烟草管理体制创新探讨:日本经验与启示[J]. 中国行政管理,2013(12):61.

草行业管制事务，撤销烟草专卖局，至少应该剥夺其对烟草行业的管制职能。为了突出对控烟工作的重视，可以考虑在卫健委之下设立一个专门机构来单独执行烟草行业管制职能。二是废除《烟草专卖法》，为控烟进行单独立法。如前所述，当前烟草专卖制度无法实现烟草行业管制的最根本目标——控烟，又严重损害了社会公平，在笔者看来，废除烟草专卖制度势在必行。"皮之不存，毛将焉附"，烟草专卖制度废除了，《烟草专卖法》也就没有存在的必要了！相反，我们要重新在控制烟草制品蔓延方面实施严格的统一的立法。我国现存的与控烟相关的法律法规有多种，除了《烟草专卖法》外，还有《公共场所卫生管理条例》(1987)、《公共场所卫生管理条例实施细则》(1991)、《未成年人保护法》(1991)、《烟草广告管理暂行办法》(1994)、《预防未成年人犯罪法》(1999)等。这些法律法规关于控烟方面的尺度不一，执法主体也不一样，因此，其效果就可想而知了。笔者认为，我国应以卫健委为立法主体，以世卫组织颁布的《烟草控制框架公约》为参照，尽快出台一部适合中国国情的统一的控制烟草制品蔓延方面的法律，为烟草行业的社会性管制提供强有力的法律基础。三是在执法方面，相关部门应加强行政监管，加大处罚力度，接受社会和媒体监督，对监测到的和社会举报的违法违规行为及时处理，确保相关的法律法规能落到实处。四是在现有的控烟措施的基础上，进一步强化对烟草制品的管控。具体措施有：全面禁止烟草广告、促销和赞助；借鉴国外经验，香烟外包装上至少覆盖50%以上面积显示烟草危害的警示图片，如老烟枪的烂牙、黑肺等恐怖图片。五是加强烟草制品对健康危害的宣传力度，通过各种渠道广泛宣传烟草对健康危害方面的科学知识，提高公众对吸烟及二手烟危害的认识，提供简明的戒烟建议等，营造积极的控烟环境，改变有关吸烟的社会规范和公众态度。

2. 放松甚至解除经济性管制

要使烟草行业的政府管制彻底回归于社会性管制，我们认为，应该从以下几个方面着手。

五、我国烟草行业管制改革的取向

一是取消进入管制。胡安源(2016)在比较了世界上主要国家的烟草管制政策后指出,从历史上看,烟草专卖制度是一项富有成效的政府管制制度,但烟草专卖制度的最终归宿是去专卖化。① 因此,应逐步解除政府对烟草制品的产销控制,允许非国有资本进入烟草生产流通环节。这样有利于体现社会主义市场经济的公平竞争原则以及世界贸易组织倡导的国民待遇原则。

取消进入管制可以通过多种途径来实现,一方面,要废除烟草专卖制度,解除烟草行业的行政垄断壁垒,允许非国有资本进入烟草行业。另一方面,政府可以加快推进中国烟草总公司的混合所有制改革,通过不同的途径实现国资与民资的融合,以完善公司内部治理结构。这样既能让非国有资本更便捷地进入烟草行业,也能提高中国烟草总公司的经营效率,提升国有资本的保值增值能力。②

二是放开价格管制,逐渐形成市场化竞争定价机制。但放开价格管制不等于政府不影响价格,可由卫健委会同财税部门,以控烟为出发点,协商制定烟草制品税收政策,如对烟草制品征收更重的税收等。调查显示,通过提高烟草税来间接提高烟草价格是减少烟草消费最为有效的控烟政策之一。

因此,我国应进一步提高烟草专项税,并确保未来不断提税,通过提高税收来间接影响烟草制品的市场价格。烟草税收提高后,烟草制品的市场价格也会随之提高。烟草制品价格的上涨会抑制烟草制品的需求,进而减少因吸烟所带来的国民健康损失,有利于国家获得公共卫生利益;但烟草制品需求的减少,会导致财政收入的绝对减少(增加的烟草税只能弥补一部分因烟草制品销量的减少而带来的财政收入的减少)。牺牲一些财政收入,而换取更多国民的健康,我们认为,这笔交易是划算的!

---

① 胡安源. 世界烟草管制政策及对我国的启示[J]. 中国市场,2016(32):124.
② 在这里要作一个说明,提升中国烟草总公司的经营效率与控烟并不矛盾。大家要知道,国家加强控烟,并不能禁烟。控烟的目标是让吸烟的人尽可能减少,让吸烟的危害尽可能降到最低。但烟草制品的销售是不能完全禁止的,也就是说无论采用怎样的控烟措施,烟草制品的供应是不可能完全消失的,在这种情况下,针对这些无法消除的烟草制品的供给,就应该提高其供给的效率。

参 考 文 献

[1] [美]丹尼尔·F. 史普博. 管制与市场[M]. 余晖, 等, 译. 上海三联书店, 1999.

[2] [法]让·梯若尔, 让·拉丰. 政府采购与规制中的激励理论[M]. 潘振民, 译. 上海人民出版社, 2004.

[3] [美]保罗·萨缪尔森, 威廉·诺德豪斯. 经济学[M]. 萧琛, 译. 人民邮电出版社, 2004.

[4] [美]斯蒂格勒. 产业组织和政府管制[M]. 潘振民, 译. 上海三联书店, 1996.

[5] [美]斯蒂格利茨. 经济学[M]. 黄险峰, 张帆, 译. 中国人民大学出版社, 2010.

[6] [日]植草益. 微观规制经济学[M]. 朱绍文, 译. 中国发展出版社, 1992.

[7] [美]斯潘瑟. 金融市场结构与监管[M]. 戴国强, 等, 译. 上海财经大学出版社, 2005.

[8] [法]让·拉丰. 规制与发展[M]. 中国人民大学出版社, 2009.

[9] 王俊豪. 管制经济学原理[M]. 高等教育出版社, 2007.

[10] 王俊豪. 产业经济学[M]. 高等教育出版社, 2012.

[11] 王俊豪. 中国垄断性产业结构重组分类管制与协调政策[M]. 商务印书馆, 2005.

[12] 王俊豪. 中国城市公用事业民营化绩效评价与管制政策研究[M]. 中

国社会科学出版社，2013.

[13] 陈富良. 规制政策分析：规制均衡的视角[M]. 中国社会科学出版社，2007.

[14] 戚聿东. 垄断行业改革报告[M]. 经济管理出版社，2011.

[15] 戚聿东. 中国垄断行业市场化改革的模式与路径[M]. 经济管理出版社，2014.

[16] 周启鹏. 中国电力产业政府管制研究[M]. 经济科学出版社，2012.

[17] 张昕竹，马源，冯永晟. 中国垄断行业规制与竞争实证研究[M]. 中国社会科学出版社，2011.

[18] 张文魁. 中国混合所有制企业的兴起及其公司治理研究[M]. 经济科学出版社，2010.

[19] 刘张君. 金融管制放松条件下的银行业自律研究[M]. 中国金融出版社，2009.

[20] 李怀. 自然垄断理论研究[M]. 东北财经大学出版社，2003.

[21] 刘戒娇. 垄断行业改革[M]. 经济管理出版社，2005.

[22] 柳学信. 信息非对称下中国网络产业规制问题研究[M]. 首都经济贸易大学出版社，2006.

[23] 唐要家. 市场势力可维持性与反垄断[M]. 经济管理出版社，2007.

[24] 肖兴志. 公用事业市场化与规制模式转型[M]. 中国财政经济出版社，2010.

[25] 肖兴志. 产业经济学[M]. 中国人民大学出版社，2016.

[26] 谢地. 政府规制经济学[M]. 高等教育出版社，2003.

[27] 于良春，等. 自然垄断与政府规制[M]. 经济科学出版社，2003.

[28] 张昕竹. 中国垄断产业规制与竞争实证研究[M]. 中国社会科学出版社，2011.

[29] 林卫斌. 网络型产业市场构造与规制[M]. 北京大学出版社，2017.

[30] 王雅丽，毕乐强. 公共规制经济学[M]. 清华大学出版社，2011.

[31] 修国英. 中国公用事业双重垄断特征和规制研究[M]. 经济管理出版

社,2017.

[32]潘胜文.垄断行业收入分配状况的分析及规制改革研究[M].中国社会科学出版社,2009.

[33]白玫,何爱民.发达国家输配电价管制理论的实践和经验借鉴[J].价格理论与实践,2016(3).

[34]陈林,刘小玄.自然垄断的测度模型及其应用[J].中国工业经济,2014(8).

[35]陈甬军,胡德宝.西方自然垄断产业管制理论的发展与述评[J].南京财经大学学报,2008(3).

[36]陈可,谭莹.自然垄断行业放松规制的理论分析[J].华南理工大学学报,2004(1).

[37]陈清棠,杨雪,李纲.我国烟草管理体制创新探讨:日本经验与启示[J].中国行政管理,2013(12).

[38]丁启军.论政府规制与中国的行业性行政垄断[J].湖北经济学院学报,2010(4).

[39]杜传忠.政府规制俘获理论的最新发展[J].经济学动态,2005(11).

[40]董卫强.我国垄断行业的分类及相关措施[J].科技与企业,2015(12).

[41]范合君,柳学信.中国垄断行业改革的全景路径与总体趋向[J].改革,2013(5).

[42]范林凯,夏大慰.图卢兹学派对产业组织及规制理论的贡献[J].经济学动态,2015(2).

[43]方小敏.行走在竞争和规制之间的德国能源经济改革[J].南京大学学报(哲学·人文科学·社会科学),2014(4).

[44]高尚全,尹竹.加快推进垄断行业改革[J].管理世界,2003(10).

[45]高玥.自然垄断产业的产权改革与规制:我国航空运输业例证[J].改革,2012(5).

[46]郭威.我国银行业结构、竞争与效率的动态关联性研究[J].山西财经

大学学报,2013(9).

[47] 郭宗杰.行政监管与反垄断互动演进的历史逻辑——以传统垄断行业的规制改革为视角[J].华南师范大学学报(社科版),2014(8).

[48] 管乃生.从放松规制到规制重构:国有垄断行业改革的新思考[J].经济体制改革,2016(1).

[49] 韩中华,付金方.西方政府规制理念的发展及其对我国的启示[J].中国矿业大学学报(社会科学版),2010(1).

[50] 韩喜平,杨威.中国垄断行业收入偏高问题及其矫正[J].理论学刊,2014(3).

[51] 林卫斌,陈东,胡涛.垄断行业市场化改革的经济机理与潜在风险[J].经济学家,2010(11).

[52] 李振佑.垄断行业的改革历程及改革后的管制需求与供给[J].社科纵横,2014(1).

[53] 李晓慧.中国垄断产业改革的目标模式:竞争、产权与激励的融合视角[J].中央财经大学学报,2010(8).

[54] 李晓宁.国有垄断与所有者缺位:垄断行业高收入的成因与改革思路[J].经济体制改革,2008(1).

[55] 吕福玉.我国盐业管制制度改革的路径选择[J].浙江工商大学学报,2012(1).

[56] 刘素英.西方国家政府管制改革的理论背景演变[J].经济研究导刊,2010(15).

[57] 刘戒骄.自然垄断产业的放松管制与管制改革[J].学术研究,2001(4).

[58] 刘华涛.自然垄断产业激励性管制的新制度经济学分析[J].河南大学学报(社会科学版),2014(3).

[59] 刘华涛.激励性管制下企业的策略性行为及其治理[J].经济体制改革,2013(1).

[60] 刘小鲁.产业政策视角下的国有企业分类改革与政策调整[J].经济理

论与经济管制, 2017(7).

[61] 陆军荣. 所有权与自然垄断产业规制——组合模式及选择[J]. 中国工业经济, 2012(8).

[62] 柳学信. 中国垄断行业服务质量监管问题及对策[J]. 经济与管理研究, 2014(1).

[63] 廖红伟, 岳启, 乔莹莹. 国有电力行业价格规制、外国经验借鉴与深化改革[J]. 经济体制改革, 2014(5).

[64] 廖红伟, 梁鑫. 外国自然垄断产业资产管理体制经验借鉴与改革启示[J]. 经济体制改革, 2015(6).

[65] 毛专, 张文杰. 论我国垄断行业存在的问题及对策[J]. 中共乐山市委党校学报, 2009(6).

[66] 年海石. 政府管制理论研究综述[J]. 国有经济评论, 2013(9).

[67] 聂海峰, 岳希明. 行业垄断对收入不平等影响程度的估计[J]. 中国工业经济, 2016(2).

[68] 戚聿东, 范合君. 放松规制: 中国垄断行业改革的方向[J]. 中国工业经济, 2009(4).

[69] 戚聿东, 李峰. 垄断行业放松规制的进程测度及其驱动因素分解——国际比较与中国实践[J]. 管理世界, 2016(10).

[70] 戚聿东, 刘泉红, 王佳宁. 垄断行业国企的竞争化改造与国企分类改革趋势[J]. 改革, 2017(6).

[71] 戚聿东, 张任之. 新时代国有企业改革如何再出发?——基于整体设计与路径协调的视角[J]. 管理世界, 2019(3).

[72] 綦好东, 郭骏超, 朱炜. 国有企业混合所有制改革: 动力、阻力与实现路径[J]. 管理世界, 2017(10).

[73] 石明明. 三元冲突、规制权衡与电力体制改革[J]. 产业经济评论, 2014(2).

[74] 宋晶, 丁璐颖, 王蕊. 垄断行业收入畸高的形成机理与规制对策[J]. 东北财经大学学报, 2007(5).

[75] 唐小锋. 中国电网企业政府规制理论及其政策建议[J]. 学习与探索, 2014(10).

[76] 王爱君, 孟潘. 国外政府规制理论研究的演进脉络及其启示[J]. 山东工商学院学报, 2014(2).

[77] 王先林. 垄断行业监管与反垄断执法之协调[J]. 法学, 2014(2).

[78] 吴靖烨. 中国行政垄断行业的改革困境——一个基于奥尔森的利益集团解释[J]. 中国市场, 2015(3).

[79] 吴开日. 浅谈我国行政垄断的分类[J]. 政法学刊, 2003(2).

[80] 王俊豪, 王建明. 中国垄断性产业的行政垄断及其管制政策[J]. 中国工业经济, 2007(12).

[81] 汪红梅. 市场力量与政府规制的均衡——2014年诺贝尔经济学奖得主梯若尔的主要学术贡献[J]. 江汉论坛, 2015(2).

[82] 徐茜, 廖涛. 自然垄断行业政府管制政策分析[J]. 成都大学学报(社会科学版), 2015(2).

[83] 许新华, 罗清和. 行政垄断的经济学分析：根源、损失及破除[J]. 深圳大学学报(人文社会科学版), 2015(5).

[84] 徐晖. 政府管制理论研究文献综述[J]. 甘肃理论学刊, 2010(1).

[85] 肖兴志, 韩超. 中国垄断产业改革与发展40年：回顾与展望[J]. 经济与管理研究, 2018(7).

[86] 严泽民, 栾福茂. 中国电力行业垄断的评析[J]. 辽宁工业大学学报(社会科学版), 2010(2).

[87] 闫建, 娄文龙. 西方国家的政府管制变迁及其启示[J]. 改革与战略, 2011(1).

[88] 杨先明, 明秀南, 王胜华. 中国电信业市场势力与福利损失估算：基于NEIO方法的研究[J]. 产业经济评论, 2014(2).

[89] 杨娟, 郭琎. 我国垄断行业改革进展与深化思路[J]. 宏观经济管理, 2019(5).

[90] 杨世兴. 激励性管制与中国电力产业管制改革研究[D]. 重庆大学,

2003.

[91] 尹训东. 梯若尔的规制理论解读[J]. 经济资料译丛, 2014(4).

[92] 余东华. 激励性规制的理论与实践述评——西方规制经济学的最新进展[J]. 外国经济与管理, 2003(7).

[93] 余东华, 巩彦博. 供给侧改革背景下的反垄断与松管制——兼论公平竞争审查制度的实施[J]. 理论学刊, 2017(1).

[94] 于良春, 张俊双. 中国垄断行业收入分配效应的实证研究[J]. 财经问题研究, 2013(1).

[95] 叶泽. 当前我国输配电价改革成效、问题及对策[J]. 价格理论与实践, 2016(2).

[96] 张柏杨, 魏强. 中国工业垄断行业福利损失的估计及其影响因素[J]. 经济与管理研究, 2015(5).

[97] 张昕竹. 论垄断行业改革的理论基础[J]. 经济社会体制比较, 2011(3).

[98] 张超, 李超. 垄断的成因、效率与规制——兼评梯若尔规制理论[J]. 东岳论丛, 2016(1).

[99] 张国平. 基于科学发展观的垄断行业体制、制度、机制改革[J]. 财经论丛, 2009(5).

[100] 张向达, 杨双钊. 基于规制理论的食盐专营制度改革探讨[J]. 学术交流, 2011(10).

[101] 张伟, 于良春. 混合所有制企业最优产权结构的选择[J]. 中国工业经济, 2017(4).

[102] 张耀伟. 双重垄断下中国垄断行业改革：逻辑次序与路径选择[J]. 经济理论与经济管理, 2008(8).

[103] 张卫国, 黄森. 西方规制理论发展演进及启示[J]. 重庆大学学报, 2004(10).

[104] 张红凤. 利益集团规制理论的演进[J]. 经济社会体制比较, 2006(1).

[105] 张蕴萍. 规制能力提升是深化中国垄断行业政府规制体制改革的有效途径[J]. 理论学刊, 2015(8).

[106] 张小茜, 孙璐佳. 抵押品清单扩大、过度杠杆化与企业破产风险——动产抵押法律改革的"双刃剑"效应[J]. 中国工业经济, 2017(7).

[107] 张帆, 罗雪凡. 垄断行业激励性规制改革研究新进展[J]. 江汉论坛, 2017(10).

[108] 赵卓, 肖利平. 激励性规制理论与实践研究新进展[J]. 学术交流, 2010(4).

[109] 钟庭军, 刘长全. 论规制、经济性规制和社会性规制的逻辑关系与范围[J]. 经济评论, 2006(2).

[110] 周娜, 鲍晓娟. 国企混合所有制改革轨迹与现实例证[J]. 改革, 2017(2).

[111] 郑世林, 何维达. 我国自然垄断产业放松管制改革研究综述与展望[J]. 管理学报, 2009(6).

[112] 钟宁桦, 刘志阔, 何嘉鑫, 等. 我国企业债务的结构性问题[J]. 经济研究, 2016(7).

[113] 潘胜文, 周维第. 我国垄断行业的性质、构成与分类改革战略[J]. 江汉论坛, 2014(9).

[114] 潘胜文, 刘童. 放松管制视角下中国自然垄断领域国有企业改革的策略与路径探索[J]. 湖北行政学院学报, 2020(1).

[115] 潘胜文, 蔡超. 政府管制视角下的国有企业分类改革[J]. 湖北社会科学, 2017(4).

[116] Parente S L, Prescott E C. Monopoly Rights: A Barrier to Riches[J]. American Economic Review, 1999.

[117] Stigler, George. The Theory of Economic Regulation[J]. Bell Journal of Economics and Management Science, 1971.

[118] Roland Gerard. Transition and Economics: Politics, Markets and Firms[M]. Cambridge, MA: MIT Press, 2000.

参考文献

[119] D T Armentano. A Critique of Neoclassical and Austrian Monopoly Theory [J]. Marketing Journal, 94(5).

[120] Oliver Willianson. The Mechanisms of Governance[M]. London: Oxford University Press, 1996.

[121] Baldwin R, Cave M. Understanding Regulation: Theory, Strategy and Practice [M]. Oxford, UK: Oxford University Press, 1999.

[122] Baumol W P J, Panzar J C, Wiling R D. Contestable Markets: An Uprising in the Theory of Industry Structure: Reply [J]. American Economic Review, 1983(3).

[123] Panzar J C. Technological Determinant of Firm and Industry Structure, Handbook of Industrial Organization [M]. North-Holland: Elsevier Science Ltd, 1989.

[124] Viscusi W K, Harrington J E, Vernon J M. Economics of Regulation and Antitrust [M]. Cambridge, MA: The MIT Press, 2005.

[125] Clarkson K W, Miller R L. Industrial Organization: Theory, Evidence and Public Policy[M]. New York: McCraw-Hill Press, 1982.

[126] William J B, John C P, Robert D W. Contestable Market Sand the Theory of Industry Structure [J]. The Canadian Journal of Economics, 1982, 15(4).

[127] Ackerbreg D A, K Caves, G Frazer. Identification Properties of Recentproduction Function Estimators[J]. Journal of Econometrica, 2015(6).

[128] Aghion P, V R John, Z Luigi. Innvations and Institutional Ownership [J]. The American Economic Review, 2013(1).

[129] Arellano M, O Bover. Another Look at Instrumental Variable Estimation of Error Components Models[J]. Journal of Econometrica, 1995(1).

[130] Blundell R, S Bond. Initial Conditions and Moment Restrictions in Dynamic Panel Data Models[J]. Journal of Econometrica, 1998(1).

[131] Z Sun, S Tang, D Wu. Government Intervention and Investment Efficiency: Evidence from China[J]. Journal of Corporate Finance, 2011(2).

[132] Card D, A B Krueger. School Resources and Student Ourcomes: An Overview of the Literature and New Evidence from North and South Carolina [J]. Journal of Economic Perspectives, 1996(4).

[133] Demsetz H. Towards a Theory of Property Rights[J]. The American Economic Review, 1967(15).

[134] Dewenter K L, P H Malatesta. State-owned and Privately Owned Firms: An Empirical Analysis of Profitability, Leverage, and Labor Intensity[J]. The American Economic Review, 2001(1).

[135] Demsetz H. The Structure of Ownership and the Theory of the Firm[J]. The of Law and Economics, 1983(2).

[136] Firth M, M R Oliver. Corporate Performance and CEO Compensation in China[J]. Journal of Corporate Finance, 2006(4).

[137] Faccio M. Politically Connected Firms[J]. The American Economic Review, 2006(1).

[138] Flannery M, K Rangan. Partial Adjustment toward Target Capital Structures[J]. Journal of Financial Economics, 2006(3).

[139] Gupta N. Partial Privatization and Firm Performance[J]. The Journal of Finance, 2005(2).

[140] Giannetti M, G Liao. The Brain Gain of Corporate Boards: Evidence from China[J]. The Journal of Finance, 2015(4).

[141] Krishnan K, D K Nandy, M Puri. Does Financing Spur Small Business Productivity? Evidence from a Natural Experiment[J]. Review of Financial Studies, 2015(6).

[142] Kusnadi Y, Z Yang, Y Zhou. Institutional Development, State Ownership and Corporate Cash Holdings: Evidence from China[J]. Journal of

Business Research, 2015(2).

[143] Liao L, B Liu, H Wang. China's Secondary Privatization: Perspectives from the Split-Share Structure Reform[J]. Journal of Financial Economics, 2014(3).

[144] Manjon M, J Manez. Production Function Estimation in Stata Using the Ackerberg – Caves – Frazer Method[J]. The Stata Journal, 2016(4).

[145] Megginson W L, J M Netter. From State to Market: A Survey of Empirical Studies on Privatization[J]. Journal of Economic Literature, 2001(2).

[146] Matsumura T. Partial Privatization in Mixed Duopoly[J]. Journal of Public Economics, 1998(3).

[147] Megginson W L, R C Nash, M V Randenborgh. The Financial and Operating Performance of Newly Privatized Firms: An International Empirical Analysis[J]. The Journal of Finance, 1994(2).

[148] Shleifer S, R W Vishny. Politicians and Firms[J]. The Quarterly Journal of Economics, 1994(4).

[149] Singh N, X Vives. Price and Quantity Competition in a Differentiated Duopoly[J]. Rand Journal of Economics, 1984(4).

[150] Verbeek M, T Nijman. Testing for Selectivity Bias in Panel Data Models[J]. International Economic Review, 1992(3).

[151] Windmeijer F. A Finite Sample Correction for the Variance of Linear Efficient Two-step GMM Estimators[J]. Journal of Econometrica, 2005(1).

[152] T Jamasb. Between the State and Market: Electricity Sector Reform in Developing Countries[J]. Utilities Policy, 2006(1).

[153] J Douglas. Buying and Selling Power in the Age of Competition[J]. IEEE Power Engineering Review, 1994(10).

[154] Franco C, Pieri F, Venturini F. Product Market Regulation and Innovation Efficiency[J]. Journal of Productivity Analysis, 2016(3).

[155] Cette G, Lopez J, Mairesse J. Market Regulations, Prices and Productivity[J]. American Economic Review, 2016(5).

[156] Juhn Chinhui, Kevin Murphy, Brooks Pierce. Wage Inequality and the Rise in Returns to Skill[J]. Journal of Political Economy, 2000(3).

[157] Alesina A, D Rodrik. Distribution Politic and Economic Growth[J]. Quarterly Journal of Economics, 1994(2).

[158] Atkinson T. Bring Income Distribution in from the Cold[J]. Economic Journal, 1997(10).

[159] Persson T, G Tabellini. Is Inequality Harmful for Growth? [J]. American Economic Review, 1994(3).

[160] Perotti R. Growth, Income Distribution, and Democracy: What the Date Say[J]. Journal of Economic Growth, 1996(1).

[161] Sanford V B. Natural Monopoly Regulation: Principles and Practice[M]. Cambridge University Press, 1988.

后　记

2020年，注定是不平凡的一年，尤其是新冠肺炎疫情肆虐全球，给中国、给世界带来了巨大的伤害。为了应对疫情，2020年的整个第一季度，绝大部分中国人都蜗居在家，也正是这几个月的禁足，令我有充裕的时间来完成本书的撰写工作。

本书的主要内容源于我主持的国家社科基金重点项目（14AJL005）的结项研究报告，在此特向国家社科基金办表示感谢！

本书从写作到出版的过程中，得到了诸多师生、朋友的帮助。首先，我要感谢华中师范大学经济与工商管理学院前院长曹阳教授、邓宏乾教授，他们在本书的写作过程中，提供了许多非常重要的观点与建议；其次，我要感谢我的部分研究生，她们在本书的写作过程中，承担过资料的搜集与处理、部分章节内容的撰写工作，她们分别是华中师范大学政治经济学专业的黄欣欣、刘璐，政府经济学专业的刘璧铷、刘童；最后，还要感谢武汉大学出版社的聂勇军编辑，他为本书的顺利出版提供了许多富有建设性的意见和诸多的便利与帮助。

由于本人的能力有限，本书还存在着许多不尽如人意的地方，我真诚地希望能得到学术同仁们的批评与指正。

潘胜文

2020年9月于华中师范大学南湖校区